An's Haff nun fliegt die Möwe
Auf Theodor Storms Spuren

An's Haff nun fliegt die Möwe
Auf Theodor Storms Spuren

Karl Ernst Laage

Ellert & Richter Verlag

Inhalt

7   Das Lebenswerk
Karl Ernst Laage

15   Jugendjahre in Husum: 1817–1835

24   Vom Katharineum in Lübeck
an die Kieler Universität: 1835–1842

34   Rechtsanwalt in der „grauen Stadt am Meer":
1842–1853

43   Gerichtsassessor in Potsdam: 1853–1856

52   Kreisrichter in Heiligenstadt: 1856–1864

60   Landvogt und Amtsrichter in Husum:
1864–1880

76   Alterssitz in Hademarschen: 1880–1888

86	Zeittafel
92	Literaturverzeichnis
94	Die Theodor-Storm-Gesellschaft
96	Der Autor
97	Fotoimpressionen *Ottmar Heinze*
112	Impressum

Das Lebenswerk
Karl Ernst Laage

Thomas Mann hat 1930 in seinem Storm-Essay kategorisch erklärt: „Er ist ein Meister, er bleibt", und damit hat er recht behalten. Theodor Storm gehört heute – neben Theodor Fontane (1819–1898) und dem Schweizer Dichter Gottfried Keller (1819–1890) – zu den meistgelesenen Dichtern des neunzehnten Jahrhunderts. Dabei ist sein Lebenswerk nicht besonders umfangreich; er hat insgesamt sechsundfünfzig Novellen, Märchen oder Erzählungen, vierhundert Gedichte, aber keinen Roman, kein Drama geschrieben.

Storm ist nicht immer richtig verstanden worden. Lange Zeit hat man seine Dichtung als „deutschgemütlich", als „Poesie des Hauses" interpretiert und ihm unterstellt, dass er „rühren, nicht erschüttern" wolle. Storm hat sich selbst noch gegen solche Fehlinterpretationen energisch zur Wehr gesetzt.

In seinem 1911 erschienenen Essay zeichnet der ungarische Literaturwissenschaftler Georg Lukács (1885–1971) ein anderes Storm-Bild als seine Zeitgenossen. Er erkennt, dass Storms Dichtung durchgehend von der Spannung zwischen Tragödie und Idylle getragen und in großen Teilen von einer dunklen Verfallsstimmung bestimmt wird.

Auch Literaturnobelpreisträger Thomas Mann (1875–1955) versucht, das Bild vom Idylliker und Heimatdichter durch ein anderes, gerechteres Storm-Bild zu ersetzen. In seinem Storm-Essay von 1930 nimmt er den Husumer Dichter auch gegen Fontane in Schutz, der Storms Antipreußentum und „Heimatmanie" als „Provinzialsimpelei" und „Husumerei" abqualifiziert und so dem falschen Storm-Bild Vorschub geleistet hatte. „Das hohe und innerlich viel erfahrene Künstlertum Storms hat nichts zu schaffen mit Simpelei und Winkeldumpfigkeit, nichts mit dem, was man wohl eine Zeit lang ‚Heimatkunst' nannte", schreibt Thomas Mann und führt – noch deutlicher werdend – fort: „Ich betone die sensitive Vergeistigung, den Extremismus seiner Gemüthaftigkeit so sehr und spreche sogar von leichter Krankhaftigkeit, um nichts auf ihn kommen zu lassen, was auf Bürgernormalität oder -sentimentalität, auf seelisches Philistertum hinausliefe." Aber weder Thomas Manns noch Georg Lukács' Worte vermochten das einseitige Bild von Storm als Heimatdichter und Landschaftsidylliker bei der Masse der Leser zu korrigieren.

Wege zu einem neuen, gerechteren Verständnis Storms wurden erst nach dem Zweiten Weltkrieg beschritten. Dazu gehörten die Gründung einer Theodor-Storm-Gesellschaft in Husum (1948), der Aufbau eines Storm-Archivs und eines Museums (1972) sowie die Herausgabe einer Schriftenreihe und kritischer Briefausgaben. Mit Unterstützung von Wissenschaftlern aus allen Teilen der Welt wurde die Storm-For-

Theodor Storm, Foto Ström, 1865.

schung in Deutschland neu belebt, wurden endlich die Fundamente für ein neues Storm-Bild gelegt.

Dabei ist deutlich geworden, dass hinter der vermeintlich einfachen Schreibweise des Husumer Dichters eine hohe Kunst steckt; Thomas Mann spricht sogar von „Raffinement". Durch die Einführung eines persönlichen Erzählers, zum Beispiel des Schulmeisters im „Schimmelreiter" oder des Drechslers Paul Paulsen in „Pole Poppenspäler", gelingt es Storm, eine Situation zu schaffen, die beim Leser den Eindruck erweckt, als ob wirklich mündlich erzählt würde. Diese Erzähltechnik wird von Storm so verfeinert, dass das Novellengeschehen aus verschiedenen Perspektiven beleuchtet wird und die einzelnen Szenen in einem – vom Dichter bestimmten – Licht erscheinen. So gewinnen Storms Novellen eine besondere Farbigkeit und Lebendigkeit.

Ein weiteres Merkmal der Erzählkunst Theodor Storms ist ihre Wirklichkeitsnähe. Die Örtlichkeiten und Menschen, die er schildert – die kleine Stadt mit ihren Giebelhäusern, Straßen und Plätzen, die Honoratioren mit ihren Bediensteten, die Kaufleute und Handwerker mit ihren Läden und Werkstätten, das Husumer St. Jürgen-Stift mit den Stiftsleuten, das Schloss mit dem Rittersaal und den Ahnenbildern –, werden dem Leser so anschaulich vor Augen geführt, dass er sich den Räumen und Gestalten der Dichtung nahe fühlt, dass er meint, in eine wirkliche Welt hineingeleitet zu werden. Realistisch wirkt die Storm'sche Dichtung besonders durch ihre anschaulichen Landschaftsschilderungen. Wo man ihn auch liest, ob in Japan, in den USA oder in

Husum, Geburtsstadt Theodor Storms (geb. 14. September 1817). Alte Ansicht der „grauen Stadt am Meer" von der See- und Hafenseite, wie sie Storm in seinem Gedicht „Die Stadt" 1852 beschreibt.

Theodor Storm: Gedichte (3. Auflage 1856). Einband mit dem „Wappen" des Dichters zum Gedicht „Meeresstrand": „An's Haff nun fliegt die Möwe ..."

Italien, überall sind seine Leser fasziniert von seinen mit sparsamen Strichen gezeichneten Naturbildern. Am eindruckvollsten sind offenbar die literarischen Bilder der nordfriesischen Küstenlandschaft. Obwohl der Husumer Dichter auch andere Landschaften wie die Ostseeküste oder die Mittelgebirge zu schildern weiß (zum Beispiel in „Hans und Heinz Kirch" oder „Eine Malerarbeit"), kommt man doch von überall her, um die „graue Stadt am Meer" und „seine" Landschaft kennenzulernen. Tatsächlich sind in „Ostern" oder in „Meeresstrand" die Eigenart und Hintergründigkeit der Westküstenlandschaft besonders eindrucksvoll dargestellt und so deutlich vergegenwärtigt, dass man nicht umhin kann, diese Landschaft mit Storms Augen zu betrachten und ihn in engstem Zusammenhang mit dieser Landschaft zu sehen.

Die Beziehungen des Dichters und seines Werkes zu den literarischen, politischen und weltanschaulichen Problemen in der zweiten Hälfte des neunzehnten Jahrhunderts (die zum Teil auch noch unsere Probleme sind) sind nicht zu übersehen. Die Vererbungsproblematik, die seinerzeit heftig diskutiert wurde, hat Storm mehrfach, zum Beispiel in „Carsten Curator" und „John Riew'", gestaltet. Die Frage, ob es erlaubt ist, einem Todkranken in bestimmten Fällen Sterbehilfe zu gewähren, hat er in „Ein Bekenntnis" auf erschütternde Weise formuliert. Dem zeitgenössischen Christentum und der Kirche stand Storm – vom Philosophen Ludwig Feuerbach (1804–1872) beeinflusst – kritisch gegenüber. In den Novellen „Im Schloss", „Veronica" und

„Renate" findet diese Kritik ihren Niederschlag. Von daher wird auch verständlich, dass die Vergänglichkeitsthematik in seiner Dichtung einen so breiten Raum einnimmt. Denn wer wie Storm den christlichen Unsterblichkeitsglauben verloren hat, dem werden Tod und Vergänglichkeit zu quälenden Rätseln (vergleiche die Gedichte „Ein Sterbender" und „Tiefe Schatten").

Auch politisch und gesellschaftspolitisch hat Storm sich engagiert. Unter dem Eindruck der Ideale der Französischen Revolution hat er sich intensiv und kritisch mit den Standesvorrechten und dem Standesbewusstsein des Adels auseinandergesetzt. Er hielt „den Adel wie die Kirche" für „das Gift in den Adern der Nation" (an seinen Freund Hartmuth Brinkmann) und für „Hemmnisse einer sittlichen Entwicklung". Schon im Jahre 1848 lässt er in der Skizze „Im Saal" den Enkel auf die Frage der Großmutter, was denn mit dem „Adel und den hohen Herrschaften" geschehen solle, die doch zum Regieren „geboren" seien, antworten: „Streichen, Großmutter, oder wir werden alle Freiherrn, ganz Deutschland mit Mann und Maus." Die Chroniknovellen, zum Beispiel „Aquis submersus" und „Zur Chronik von Grieshuus", sind versteckte, das heißt in die Vergangenheit zurückverlegte Aufrufe, die ererbten Vorrechte der Junker abzuschaffen und hochmütiges Standesdenken zu überwinden.

Der schleswig-holsteinischen Freiheitsbewegung hat sich Storm als Bürger und Jurist, aber auch als Dichter zur Verfügung gestellt. Er hatte ein vom Königreich Dänemark unabhängiges, selbstständiges und demokratisches Schleswig-Holstein vor Augen und fügte 1848, nach dem Ausbruch der militärischen Auseinandersetzungen, dem Gedicht „Ostern" die Strophe hinzu:

Und jauchzend ließ ich an der festen Wehr
Den Wellenschlag die grimmen Zähne reiben;
Denn machtlos, zischend schoss zurück das Meer –
Das Land ist unser, unser soll es bleiben!

Storms politisches Idealbild war eine demokratische Gesellschaft, das heißt nach seinem Verständnis eine humane Gesellschaft, in der der Einzelne frei, ohne Standesschranken und ohne staatliche Bevormundung leben kann. Deshalb konnte er sich mit dem preußischen Obrigkeitsstaat und seinen hierarchischen Strukturen nicht befreunden (vergleiche das satirische Gedicht „Der Beamte"). Aber auch die bürgerliche Gesellschaft blieb, wo sich in ihr negative Tendenzen zeigten, von seiner Kritik nicht verschont. Früh erkannte er die Gefahren der Gründerzeit. In der Novelle „Hans und Heinz Kirch" wird anschaulich dargestellt, wohin übertriebenes Streben nach Wohlstand und Ansehen in der Gesellschaft führen: zu seelischer Härte und Lieblosigkeit; der Vater verstößt seinen Sohn, weil dieser seine ehrgeizigen Pläne nicht erfüllt.

Jugendjahre in Husum: 1817–1835

Theodor Storm wurde am 14. September 1817 in Husum geboren. Von seiner Geburtsstunde erzählt der Dichter in seinen „Aus der Jugendzeit" betitelten Aufzeichnungen: „In der Mitternachtsstunde zwischen dem 14. und 15. September 1817 war ein stark Gewitter über Husum, trotzdem lag irgendwo in der Gasse auf irgendeines Bürgers Kellerluke der junge Advokat Joh. Casimir Storm in einer Angst, mit der er nicht sich zu helfen wusste; denn sein schönes junges Weib lag daheim in Geburtsschmerzen von jeder Art hülfreichen Händen umgeben, die er durch die seinen zu vermehren nicht imstande war. Von den verschiedenen Arten Mutes besaß er diesen nicht."

Der Vater des Dichters war der damals siebenundzwanzig Jahre alte Rechtsanwalt Johann Casimir Storm (1790–1874), der Sohn eines Erbpachtmüllers aus Westermühlen bei Rendsburg. Er hatte die Husumer Gelehrtenschule besucht, in Heidelberg Jura studiert, war in Husum 1814 als Gerichtssekretär des Amtmannes von Levetzow beschäftigt gewesen, hatte eine eigene Rechtsanwaltspraxis aufgemacht und im Jahre 1816 Lucie, die Tochter des Kaufherrn und Senators Simon Woldsen, geheiratet. Storm beschreibt seinen

Storms Geburtshaus
(geb. 14. September 1817) in Husum,
Markt 9. Zeichnung von J. Hamkens
um 1900.

Vater als einen „Advokaten und Notar", der „wegen seiner Tüchtigkeit und Rechtschaffenheit sowie wegen der Bescheidenheit, womit er seine Anforderungen für die Bemühungen seines Berufes stellte, im ganzen Land geachtet war". Aber er war auch ein Mann von „heftigem Temperament", dem der Humor fehlte und der seine Liebe zu den ihm Anvertrauten nur schwer zeigen konnte.

Die Mutter, die bei der Geburt ihres ältesten Sohnes gerade zwanzig Jahre alt war, soll „mit ihrem braunen Haar und ihren dunkelgrauen Augen" nach ihres Sohnes Mitteilung von den drei Woldsen-Töchtern die „anmutigste" gewesen sein. Sie hatte „einen guten klaren Verstand" und „sehr viel Interesse für Kunst und Natur".

Die Eltern gaben ihrem ersten Sohn die Vornamen Hans (weil alle Erstgeborenen der Storms in Westermühlen seit 1693 diesen Vornamen bekommen hatten), Theodor (wegen der „Zierlichkeit" des Namens) und Woldsen (weil der männliche Zweig der Familie und damit dieser Name ausgestorben war).

Das Geburtshaus des Dichters liegt am Markt 9 in Husum; es ist nur ein kleines bescheidenes Gebäude. Schon Ende 1818 verließ die Familie das Haus am Markt, wohnte kurze Zeit in der Neustadt 56 und zog nach dem Tode des Großvaters Simon Woldsen im Jahre 1820 in das großelterliche Haus, Hohle Gasse 3, das der Urgroßvater 1788 für seinen Sohn zur Hochzeit hergerichtet hatte. Dieses Haus wurde das eigentliche Elternhaus des jungen Theodor, in dem er bis 1835 unbeschwerte Jugendjahre verlebte. Die Lehrer verlangten offenbar nicht allzu viel von ihm; auch als er aus der Klippschule, einer Art Vorschule, in die Quarta der Husumer Gelehrtenschule übertrat, war noch genügend Zeit zum Versteckspielen in dem hinter dem Hause liegenden Garten, in den leer stehenden Fabrikgebäuden der Vorfahren, auf den Speicherböden und in dem Kontorhaus, in dem der Vater in seiner „dunklen Advokatenhöhle" residierte.

Durch seine Mutter und durch Privatunterricht ist Storms Musik- und Gesangsbegabung schon früh gefördert worden. Die Musik ist dann später – wie der Dichter selbst sagt – die „Begleiterin" seines Lebens geworden. Wichtig für seine Entwicklung wurde auch der Umstand, dass ihm sein Elternhaus und die Kleinstadt enge Kontakte mit allen sozialen Schichten ermöglichten. In einem Brief an den Lyriker Eduard Mörike (1804–1875) schrieb Storm: „In Husum lebte ich gleichsam in einer Atmosphäre ehrenhafter Familientradition, fast alle Handwerkerfamilien hatten in irgendeiner Generation einen Diener oder eine Dienerin unsrer Familie aufzuweisen." So hatte Storm Zugang zu Patrizier- und Handwerkerhäusern, verkehrte mit Senatorensöhnen ebenso wie mit Kontoristen, Kutschern, Dienstmägden und Tagelöhnern; der Sohn eines armen Schuhflickers zählte zu seinen Spielkameraden. Dieser frühe Einblick in die Welt der kleinen Leute und in die sozialen Gegebenheiten einer kleinen Stadt ermöglichte ihm später, die Gestalten, die Probleme und das Milieu in Novellen wie „Auf der Uni-

Theodor Storms Mutter Lucie, geb. Woldsen (1797–1879). Dies ist die einzige Fotografie von der Mutter, vom Vater existiert kein Bild.

versität", „Pole Poppenspäler", „Bötjer Basch" und „Ein Doppelgänger" so lebenswahr darzustellen. Diese frühen Erfahrungen waren dann auch die Grundlage für seine Tätigkeit als Richter. In einem Dienstzeugnis vom 28. August 1854 wird dem jungen Gerichtsassessor ausdrücklich bescheinigt: „Er weiß mit dem gemeinen Mann sich gut zu verständigen."

Schon früh regte sich in dem Jungen das Interesse für mündliches Erzählen. Mit welcher Begeisterung hat er der Bäckerstochter Lena Wies zugehört! Von ihr hat er – wie er selbst bekennt – die „Kunst des Erzählens" gelernt: „Und dann – ja, dann erzählte Lena Wies; und wie erzählte sie! – Plattdeutsch, in gedämpftem Ton, mit einer andachtsvollen Feierlichkeit; und mochte es nun die Sage von dem gespenstischen Schimmelreiter sein, der bei Sturmfluten nachts auf den Deichen gesehen wird und, wenn ein Unglück bevorsteht, mit seiner Mähre sich in den Bruch hinabstürzt, oder mochte es ein eignes Erlebnis oder eine aus dem Wochenblatt oder sonst wie aufgelesene Geschichte sein. Alles erhielt in ihrem Munde sein eigentümliches Gepräge und stieg, wie aus geheimnisvoller Tiefe, leibhaftig vor den Hörern auf." Als Dichter hat Storm sich später intensiv darum bemüht, eine Erzählatmosphäre zu schaffen, wie er sie bei Lena Wies kennengelernt hatte. Und das ist ihm auch gelungen. Man denke nur an den Anfang der Novelle „Der Herr Etatsrat", wo in einer Gesprächsrunde die provozierende Frage eines Zuhörers: „Sie müssen die Bestie ja noch in Person gekannt haben?", die eigentliche Erzählung auslöst.

Lübeck: Stadtansicht mit Blick auf den Dom; im Hintergrund die ebenfalls doppeltürmige Marienkirche (vgl. Storms Ballade „Der Bau der Marienkirche zu Lübeck").

Lübeck, Katharineum. Für die letzten beiden Schuljahre (1835–1837) ist Storm vom Husumer Gymnasium auf dieses Gymnasium übergewechselt, um hier seine Schulbildung zu vervollständigen.

Obwohl Storm von der Schule nicht besonders dazu angeleitet wurde („Auf der alten Gelehrtenschule meiner Vaterstadt wussten wir wenig von deutscher Poesie", bekannte er später), hat er schon als Jugendlicher erste Gedichte geschrieben. In Anlehnung an die Rokoko-Gedichte Friedrich v. Hagedorns (1708–1754) und Johann Wilhelm Gleims (1719–1803) veröffentlichte er als Sechzehnjähriger unter der Überschrift „Sängers Abendlied" ein Gedicht im Husumer „Königlich privilegierten Wochenblatt" vom 27. Juli 1834, das folgendermaßen beginnt:

Meiner Leyer frohe Töne schweigen
Bald von stiller Todesnacht umhüllt;
Dort, wo sich die Zweige trauernd neigen,
Find' ich Ruh'; mein Sehnen ist gestillt.

Dass Storm es wagte, als sechzehnjähriger Schüler mit einem Gedicht in der Zeitung seiner Heimatstadt an die Öffentlichkeit zu treten, zeigen seine frühe Selbstständigkeit und ein großes Maß an Selbstbewusstsein. Deshalb beschlossen die Eltern – vielleicht auf Drängen ihres Sohnes –, ihn die letzten Primajahre zur Vervollkommnung seiner Bildung auf das Katharineum nach Lübeck zu schicken, das damals zu den besten Gymnasien im Lande gehörte. Auf der traditionellen „Redefeierlichkeit" im Husumer Rathaussaal, mit der sich die abgehenden Primaner von der Schule und von der Stadt zu verabschieden pflegten, trug Storm eigene Poesie mit dem Titel „Mattathias, der Befreier der Juden" vor. Nur wenige Verse sind erhalten:

O Söhne Judas, rächt der Väter Schmach! ...
Dein Stern ging unter, Judas Stern
Erglänzt in neuer Pracht und brennt
An deiner Gruft die würd'ge Todesfackel.

Vom Katharineum in Lübeck an die Kieler Universität: 1835–1842

Als der Primaner Theodor Storm im Herbst 1835 von der Husumer Gelehrtenschule auf das Lübecker Katharineum wechselte, kam er aus einer Kleinstadt (Husum hatte damals 5000 Einwohner) in eine Großstadt (Lübeck hatte 28 000 Einwohner). Dieser Milieuwechsel war bedeutungsvoll für ihn. Er selbst sagt von seiner Schulzeit in Lübeck: „Hier war höhere Luft, (waren) bedeutendere Menschen."

Storm wohnte in der Hansestadt zusammen mit seinem Husumer Schulfreund, dem Pastorensohn Peter Ohlhues, bei der Familie Luetjens, Ecke Mengstraße/Untertrave (das alte Haus steht nicht mehr), am Ende der Straße also, in deren oberem Teil das „Buddenbrook"-Haus liegt.

Das Katharineum in Lübeck ist – wie die Husumer Gelehrtenschule – eine Gründung der Reformationszeit (um 1529) und hatte zu Storms Zeit in ihrem Direktor Friedrich Jacob und dem jungen Pädagogen Johannes Classen Lehrer, die den Husumer Primaner fördern und seinen Horizont erweitern konnten; sie haben Storm – wie dieser selbst sagt – „in den ganzen Kreis der Bildung eingeweiht".

Besonderen Einfluss auf seine weitere Entwicklung als Mensch und Dichter hatte Ferdinand Röse. Er war der Sohn eines wohlhabenden Kornmaklers, der in einem der hochgiebligen Bürgerhäuser an der Trave wohnte. Röse war zwei Jahre älter als Storm. Wenn dieser seinen Mitschüler in dem kleinen Zimmer im oberen Stockwerk des alten Kaufmannshauses besuchte, kam er ihm vor „wie der Meister eines Geheimbundes". In diesem Zimmer hatte der junge Storm das aufregendste literarische Erlebnis seiner Lübecker Zeit, ein Erlebnis, das seinen Werdegang als lyrischer Dichter mitbestimmte. Darüber schreibt Storm in seinen Erinnerungen an Röse: „Nie werde ich den Spätherbstabend vergessen, an dem er mich dort in Heines mir noch unbekanntes ‚Buch der Lieder' einweihte. Aus dem verschlossenen Glasschrank, der den Oberteil einer Schatulle bildete, nahm er das Exemplar auf schlechtem Druckpapier, und während wir am warmen Ofen saßen und draußen der Wind durch die Schiffstaue sauste, begann er mit gedämpfter Stimme zu lesen: ‚Am fernen Horizonte', ‚Nach Frankreich zogen zwei Grenadier', ‚Über die Berge steigt schon die Sonne' und so eines nach dem andren; zuletzt ‚Wir saßen am Fischerhause und schauten nach der See'; ich war wie verzaubert von diesen stimmungsvollen Liedern, es ward Morgen und es nachtete um mich, und als er endlich, fast heimlich das Buch fortlegend, schloss: ‚Das Schiff war nicht mehr sichtbar; es dunkelte gar zu sehr', da war mir, als seien die Tore einer neuen Welt vor mir aufgerissen worden. Gleich am andern Morgen kaufte ich mir das ‚Buch der Lieder', und zwar auf Velin-Papier." Mit Heine hatte Storm den Lyriker kennengelernt, den er zeitlebens „für den größten lyrischen Formkünstler" halten sollte.

Storm hat das Katharineum nach einer Abschlussprüfung Ostern 1837 verlassen. Das Thema seiner Prüfungsarbeit, die in lateinischer Sprache abgefasst werden musste, lautete: „Quibus causis Philippo II. regnante dilapsae sint Hispaniae opes auctoritasque" – „Aus welchen Gründen unter der Regierung Philipp II. die Macht und das Ansehen Spaniens verfielen". Bei der Behandlung des Themas stellte sich Storm ganz auf die Seite der freiheitsliebenden Niederländer, eine Einstellung, die seinen Lebensweg, aber auch Teile seiner Dichtung bestimmen sollte.

Er verließ das Katharineum und Lübeck mit keinem besonders guten Schulzeugnis (Latein und Deutsch: gut; Griechisch und Geschichte: ziemlich gut; Französisch und Mathematik: mittelmäßig), aber als einer, dessen geistiger Horizont um ein großes Stück erweitert worden war, vor dem „die Tore einer neuen Welt (...) aufgerissen worden waren".

Storm ging zunächst nach Kiel, wo er sich am 20. April 1837 in das Immatrikulationsregister der dortigen Universität einschrieb (diese lag im Schlossbereich an der Kieler Förde). Auf Wunsch seines Vaters nahm er das Studium der Jurisprudenz auf; er selbst hätte am liebsten Medizin studiert. Später meinte er, dass die Juristerei „die Wissenschaft des gesunden Menschenverstandes" sei, die man auch „ohne besondere Neigung" studieren könne.

Die Universitätsstadt Kiel: Blick auf die Stadt vom Ostufer der Kieler Förde, in der Mitte die Nikolaikirche, rechts das Schloss.

Kiel, alter Markt und Nikolaikirche (um 1844). In einer Seitengasse, in der Flämischen Straße, wohnte Storm während der Studentenjahre (1838–1842).

Berlin: Brandenburger Tor (um 1840). Sein Studium an der Kieler Universität unterbrach Storm für drei Semester (1838–1839). Im Frühjahr 1838 fuhr er mit der Postkutsche durch das Brandenburger Tor in die Stadt und wohnte dann ganz in der Nähe, in der Behrenstraße 13. (Stahlstich aus dem Jahre 1840).

Schon ein Jahr später verließ der Einundzwanzigjährige Kiel und ging nach Berlin, um dort sein Jurastudium fortzusetzen. In einer „Preußischen Postkutsche" fuhr er – wie aus einer neu entdeckten autobiografisch gefärbten humorvollen Skizze hervorgeht – im Frühjahr 1839 zusammen mit seinem Lübecker Freund Ferdinand Röse durch das Brandenburger Tor in Berlin ein.

An der Berliner Universität ergaben sich durch Röse freundschaftliche Beziehungen zu einer Reihe von Kommilitonen: zu Wilhelm Mantels, dem späteren Lehrer am Katharineum, Theodor Wagner, einem jungen Maler, Markus Niebuhr, dem späteren Kabinettsrat König Friedrich Wilhelm IV., und Nikolaus Delius, dem späteren Shakespeare-Forscher. Gemeinsam besuchte man die Oper und das Schauspielhaus. Storm erinnerte sich später „einiger Theaterabende, die uns durch Seydelmann bedeutsam wurden". Danach traf man sich gewöhnlich, um bei einer Flasche Wein über das Gesehene und Gehörte zu diskutieren. Ein Sommerausflug zu einer der Havelinseln wurde zu einem besonderen Erlebnis. Die lauwarme Sommernacht und eine mondbeglänzte weiße Wasserlilie lockten Storm hinaus ins Freie; schwimmend suchte er die im Mondschein leuchtende Blume zu erreichen, die langen Stängel und Wurzeln der Wasserpflanzen aber schlangen sich um seine nackten Glieder – er musste seine Absicht aufgeben. Im Schlussteil seiner Novelle „Immensee" hat er dieses Erlebnis im Jahre 1849 – symbolisch überhöht – verwertet.

Trotzdem fühlte sich Storm in Berlin nicht so gefördert wie er es gehofft hatte. Das zeigt sich auch darin, dass er nur die notwendigsten Lehrveranstaltungen besuchte. Da auch viele seiner Freunde auf andere Universitäten überwechselten, kehrte Storm im Herbst 1839 wieder nach Kiel zurück.

Dieser letzte studentische Lebensabschnitt (im Jahre 1842 machte er Examen) sollte für Storm, den Menschen wie den Dichter, größte Bedeutung haben. Er fand einen Freundeskreis, der „beständigen lebendigen Gedankenaustausch" ermöglichte. Es bildete sich eine „Clique", die Storm als „kleine übermütige und zersetzungslustige Schar" charakterisierte. Später – 1863 – hat Storm Szenen seiner Novelle „Auf der Universität" nach Kiel verlegt. Eine besonders anregende Freundschaft bildete sich zwischen Storm und den Gebrüdern Mommsen – Theodor (1817–1903), dem später berühmt gewordenen Historiker, und Tycho (1819–1900), dem Altphilologen. Sie vereinte ihr Interesse an der Poesie. In ihrem Kreis wurde das lyrische Genie Mörikes entdeckt, und eigene Dichtungen wurden für das „Liederbuch dreier Freunde" gesammelt, das im Jahre 1843 in Kiel erschien. Von den hundertzwanzig Gedichten, die dieser Band enthält, stammen vierzig von Storm. In den meisten folgt er – wie seine beiden Freunde – dem Geschmack der Zeit; einige aber verraten schon den kommenden Lyriker, zum Beispiel „Junges Leid", dessen erste Strophe lautet:

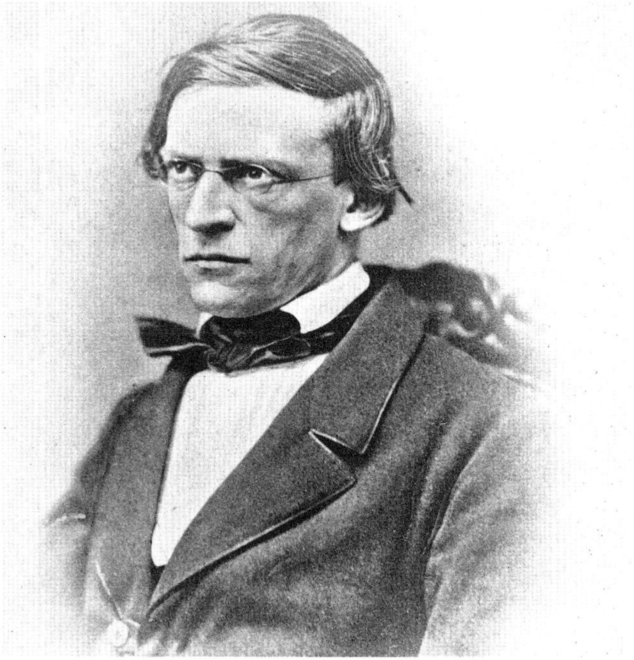

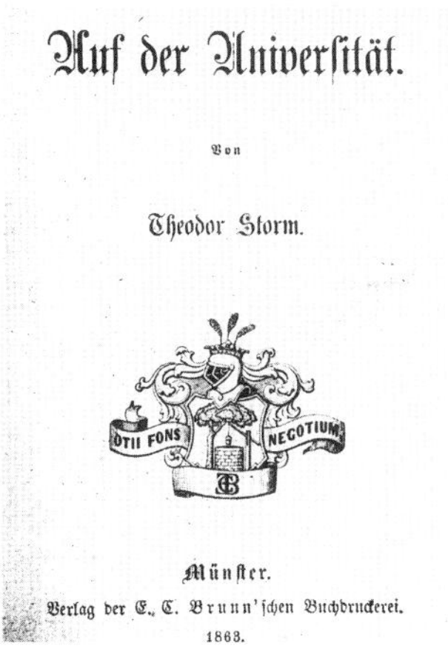

Auf der Universität.

Von

Theodor Storm.

Münster.

Verlag der E. C. Brunn'schen Buchdruckerei.

1863.

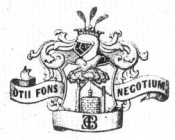

Theodor Mommsen, Studienfreund Storms während ihrer Kieler Studentenzeit.

In der Novelle „Auf der Universität" hat Storm später Erlebnisse seiner Studienzeit verarbeitet. Hier links: Das Titelblatt der Erstausgabe von 1863.

Und blieb dein Aug' denn immer ohne Tränen?
Ergriff dich denn im kerzenhellen Saal,
Hinschleichend in des Tanzes Zaubertönen,
Niemals ein dunkler Schauer meiner Qual?

Hier kommt echtes Gefühl zum Ausdruck. Tatsächlich ist das Gedicht aus einem Erlebnis entstanden, das Storm in dieser Zeit tief bewegt hat: aus seiner Liebe zu Bertha von Buchan. Er hatte das Mädchen schon im Jahre 1836 als Elfjährige im Hause seines Onkels in Altona kennengelernt. Für sie schrieb er Weihnachten 1837 das Kindermärchen „Hans Bär". Die ganz und gar platonische Liebe zu diesem Mädchen war zunächst offenbar ein Gegengewicht gegen seine Sinnlichkeit. Seine überstürzte Verlobung mit Emma Kühl von der Insel Föhr im Oktober 1837 und die ebenso überstürzte Entlobung im Februar 1838 bestätigen sein „heißes Blut", wie Storm es selbst nannte. Was er in dieser Zeit Bertha gegenüber fühlte, kommt in folgenden Versen zum Ausdruck, die offenbar an sie gerichtet waren:

Entsündige mich! Ich bin voll Schuld,
Doch du bist rein, wie Engel sind;
Zu deinen Füßen sink ich hin,
Du lieblich jungfräuliches Kind!

Die platonische Liebe zu Bertha von Buchan wandelte sich in den Kieler Studentenjahren allmählich in eine echte Liebe. Mitten im Examen – im Oktober 1842 – hat Storm offiziell um ihre Hand angehalten. Ihre Ableh-

nung hat er lange nicht verwinden können. Seinem Freund Theodor Mommsen gestand er: „Die Liebe zu diesem Kinde wird mein Leben noch schlimm verwüsten."
Nach elf Semestern – das war für damalige Verhältnisse eine ziemlich lange Studienzeit – legte Storm am 17. Oktober 1842 vor dem Königlichen Appellationsgericht in Kiel sein juristisches Abschlussexamen ab und kehrte nach Husum zurück.

Rechtsanwalt in der „grauen Stadt am Meer":
1842–1853

Nach der Rückkehr in seine Heimatstadt begann Storm in der Praxis seines Vaters zu arbeiten. Anfang März 1843 eröffnete er eine eigene Anwaltspraxis „bei dem Herrn Agenten Schmidt in der Großstraße" in Husum.

Der junge Rechtsanwalt, der sich – um sich von seinem Vater zu unterscheiden – „Woldsen Storm" nannte, begann nun ein eigenes Leben. Er bezog eine Junggesellenwohnung, ein Zimmer neben seiner Praxis, und ließ sich von Christine Brix, einer älteren Dame, der er später in „Marthe und ihre Uhr" ein Denkmal gesetzt hat, den Haushalt führen; ein Schreiber half ihm in der Praxis. Schon im Mai konnte er seinem Freund Theodor Mommsen melden: „Mit meiner jungen Praxis geht es gut."

Im Frühjahr 1843 gründete Storm einen „Singverein", mit dem er kleinere Konzerte vorbereitete und aufführte. Von nun an wurde die Musik die „treueste Begleiterin" seines Lebens. Bereits im August 1844 wagte er sich mit seinem Chor an Mozarts „Requiem". Damit jedoch war dem „Poetischen", das – wie er selbst meinte – „in seiner Natur" liege, noch nicht Genüge getan. Schon in Kiel hatte er mit Theodor Mommsen

Husum, Großstraße 11: Hier eröffnete Storm 1843 seine Rechtsanwaltspraxis (im hinteren Teil des linken Gebäudes; heute abgerissen). Alte Porzellanmalerei.

vereinbart, im Volk umlaufende Sagen und Sprichwörter zu sammeln und herauszugeben. Dieser Aufgabe widmete er sich nun in zunehmendem Maße. Dabei schulte er gleichzeitig seinen eigenen Prosastil, denn man war – ähnlich wie die Gebrüder Grimm – übereingekommen, dass die Volkserzählungen „purifiziert", das heißt von allen verfälschenden Zusätzen und Ausschmückungen „gereinigt" werden müssten. Auch als Lyriker machte Storm in diesen Jahren Fortschritte. Vollendete Gedichte entstanden allerdings erst, nachdem er seine spätere Frau Constanze kennengelernt hatte.

Constanze war seine Cousine. Sie war die Tochter des Bürgermeisters von Segeberg, Ernst Esmarch, und seiner Frau Elsabe, geb. Woldsen, einer Schwester von Storms Mutter. Der sechsundzwanzigjährige Storm hatte sie am Weihnachtsabend 1843 in seinem Elternhaus kennengelernt und bereits im Januar 1844 hatten sie sich heimlich verlobt. Die Eltern gaben ihre Einwilligung zur Hochzeit nur unter der Bedingung, dass man diese zwei Jahre hinausschob. Die Brautleute sollten sich erst einmal näher kennenlernen; Storm (der immer noch Studentenschulden bei seinem Vater hatte) sollte in dieser Zeit einen „festen Geschäftskreis" bilden und ein gesichertes Fundament für die Ehe schaffen.

Die Brautbriefe zeigen, mit welchem Ernst der junge Advokat an diese Aufgabe herangegangen ist, wie viel er von sich selbst, wie viel er aber auch von seiner künftigen Frau forderte. Am 15. September 1846 wurden

Constanze Storm, geb. Esmarch,
Tochter des Segeberger Bürgermeisters, 1846 als junge Frau.

Theodor und Constanze im Saal des Segeberger Rathauses getraut. Schon am nächsten Tag fuhr das junge Paar nach Husum und bezog das Haus in der Neustadt 56, das der Vater seinem Sohn als Domizil zur Verfügung gestellt hatte.

Die Neustadt 56 ist ein altes Doppelhaus aus dem Jahre 1675. Hier haben Theodor und Constanze Storm die ersten sieben Ehejahre verlebt; es waren Jahre, die ihnen viel Glück, aber auch viel Leid brachten. Hier wurden die drei Söhne Hans, Ernst und Karl geboren. Hier entstanden erste bedeutende Dichtungen. Hier aber wurde die junge Ehe auch schweren Belastungen ausgesetzt.

Mit Doris (Dorothea) Jensen, der achtzehnjährigen Tochter eines Husumer Senators, die seit Jahren als Sopranistin in seinem Chor mitsang, trat Ende 1846, also noch im ersten Jahr seiner Ehe, eine Frau in sein Leben, bei der er (wie er später gestanden hat) „jene berauschende Atmosphäre" fand, der er „nicht widerstehen konnte". Die Ehekrise wurde schließlich durch die beiden Frauen gelöst. Constanze war bereit, Doris als Freundin des Hauses zu akzeptieren; Doris fühlte sich nicht imstande, sich auf eine solche Art „Ehe zu Dritt" einzulassen und verließ im Frühjahr 1847 Husum.

Constanze und Theodor Storm ist es gelungen, wieder zueinanderzufinden und eine vorbildhafte Ehegemeinschaft aufzubauen. Damit begann für Storm die erste fruchtbare Periode seines poetischen Schaffens. Aus dem Erleben der leidenschaftlichen Liebe zu Doris Jensen und nach Überwindung der Krise ist das sogenannte „Buch der roten Rose" entstanden, ein Liederzyklus, der – wegen seiner Sinnlichkeit – nur zum Teil veröffentlicht wurde. Hier finden sich die Verse:

Wir haben nicht das Glück genossen
In indischer Gelassenheit;
In Qualen ist's emporgeschossen,
Wir wussten nichts von Seligkeit.

Verzehrend kam's, in Sturm und Drange
Ein Weh nur war es, keine Lust;
Es bleichte deine zarte Wange,
Es brach den Atem meiner Brust;

Es schlang uns ein in wilde Fluten,
Es riss uns in den jähen Schlund;
Zerschmettert fast und im Verbluten
Lag endlich trunken Mund auf Mund.

Weltbekannt wurden die aus dieser Zeit stammenden Gedichte „Oktoberlied" und „Die Stadt". Das „Oktoberlied" hat Storm der ersten Ausgabe seiner „Gedichte", die im Jahre 1852 in einem kleinen Kieler Verlag erschien, und später auch allen weiteren Auflagen vorangestellt. Theodor Fontane war davon derart beeindruckt, dass er damit das „Deutsche Dichteralbum", eine von ihm 1852 bei Janke in Berlin herausgegebene Sammlung zeitgenössischer Lyrik, eröffnete.
Das Gedicht „Die Stadt" („Am grauen Strand, am grauen Meer/Und seitab liegt die Stadt ...") gehört mit

seinen beiden ersten Strophen zu den Naturgedichten Storms, die die Charakteristika der schleswig-holsteinischen Westküstenlandschaft mit wenigen Strichen eindrucksvoll wiedergeben.

In diesen Jahren hat Storm auch bedeutende Leistungen als Prosaschriftsteller vollbracht. Die im Jahre 1848 entstandene Skizze „Im Saal" ist eine Vor- und Kleinform der klassischen Erinnerungsnovelle.

Die Novelle „Immensee" (1. Fassung 1849, 2. Fassung 1851) ist eine Weiterentwicklung dieser Form. Der alte Reinhardt erinnert sich: „‚Elisabeth', sagte der Alte leise; und wie er das Wort gesprochen, war die Zeit verwandelt (...)." Die Geschichte besteht in der Folge aus den Erinnerungsbildern, die vor dem inneren Auge Reinhardts Revue passieren. Die resignative Stimmung, die über der ganzen Erzählung liegt, kulminiert in dem volksliedhaften Gedicht „Meine Mutter hat's gewollt, den andern ich nehmen sollt (...)" und in der berühmten Wasserlilien-Szene, die auf einem eigenen Erlebnis des Dichters beruht. Die Situation erhält hier jedoch symbolische Bedeutung: Reinhardt verzichtet darauf, die Wasserlilie (Elisabeth) zu erreichen, das heißt, er schreckt davor zurück, Elisabeth seine Liebe zu gestehen und sie zu einem Bruch ihrer Ehe zu verleiten. Der zarte, assoziative, musikalische Ton der Novelle hat dazu beigetragen, dass sie noch zu des Dichters Lebzeiten die 30. Auflage erlebte.

Das Frühjahr 1848 brachte für Schleswig-Holstein politische Veränderungen. Der dänische König hatte eine neue „Gesamtstaatsverfassung" verkündet, deren Ein-

Letzte Strophe des Gedichts „Ostern", (1848) in der Handschrift des Dichters (Original und Foto: LB Kiel). Es ist eines von den Gedichten, mit denen Storm sich während der Schleswig-Holsteinischen Freiheitskriege für seine Landsleute engagiert hat (letzte Zeile: „Das Land ist unser, unser soll es bleiben!").

Storm 1852 in Berlin nach einer Daguerreotypie. Nachdem der dänische König Storms Bestallung als Rechtsanwalt aufgehoben hatte (weil er sich während des Krieges gegen Dänemark engagiert hatte), suchte Storm in Berlin eine neue Existenz im preußischen Staatsdienst.

führung eine Aufhebung der Selbstständigkeit Schleswig-Holsteins und eine Einverleibung in den dänischen Gesamtstaat bedeutet hätte. Die Schleswig-Holsteiner reagierten mit der Bildung einer eigenen „Provisorischen Regierung" und einem Aufruf zum Widerstand. Auch Storm sah Freiheit und Demokratie in seinem Heimatland gefährdet und beteiligte sich durch Unterschriften unter Petitionen, die unter anderem die Aufhebung des Staatsgrundgesetzes und der Personalunion mit Dänemark forderten.

Auch mit politischen Gedichten griff er in die Auseinandersetzung ein. Nach der Niederlage der Befreiungsbewegung verteidigte er seine Landsleute als Rechtsbeistand gegen die Willkür von oben. So kam es, dass ihm vom dänischen König – weil er „illoyale Adressen" unterschrieben und „Renitenz" gegen dänische Behörden „mannigfach manifestiert" hatte – die Bestallung als Rechtsanwalt entzogen wurde. Da er nicht daran dachte, „in Kopenhagen auch nur den kleinsten Schritt zu tun" (an Schwiegervater Ernst Esmarch) und auch nicht bereit war, „um der lieben bürgerlichen Existenz willen" sich „gegen seine Überzeugung" gebrauchen zu lassen, war er gezwungen zu emigrieren und sich in einem anderen Land eine neue Existenz zu suchen.

Gerichtsassessor in Potsdam: 1853–1856

Storm hat sich auf verschiedenen Wegen und mit viel Energie um „Hülfe und Anstellung im Auslande" bemüht – wie er an seinen Schwiegervater schreibt. Mit „Ausland" sind – aus schleswig-holsteinischer Sicht – die deutschen Kleinstaaten gemeint. Es war nicht leicht für einen Schleswig-Holsteiner, im Justizdienst eines „fremden Landes" unterzukommen. Nach der Bewerbung um Einstellung in den preußischen Justizdienst musste er eineinhalb Jahre warten, ehe er am 18. Oktober 1853 die Ernennung zum preußischen Gerichtsassessor unter der einen Bedingung erhielt, während der sechsmonatigen Einführungszeit ohne Gehalt zu arbeiten. Am 23. November wurde er im Berliner Kammergericht auf die preußische Verfassung vereidigt.
Für die Dauer des Volontariats wurde Storm dem Kreisgericht in Potsdam zugewiesen. Anfang Dezember 1853 war der Umzug nach Potsdam bewerkstelligt und Storm mit seiner Familie in das Haus Brandenburger Straße 70 eingezogen. Die Wohnung in der oberen Etage lag direkt am Potsdamer Brandenburger Tor, nur zehn Minuten von Sanssouci entfernt.
Anfang Dezember trat er seinen Dienst am Kreisgericht an. Es war eine schwere Zeit für Storm. Er, der schon

Das Schloss und der Garten von Sanssouci. Hierher flüchtete der junge Gerichtsassessor Storm aus der „peinlichen Wirklichkeit" des preußischen Beamtenalltags.

Wohnung des Gerichtsassessors Storm und seiner Familie 1852 in Potsdam, Brandenburger Straße 70.

zehn Jahre als selbstständiger Rechtsanwalt gearbeitet hatte, war in der Funktion als Richter ein Anfänger, der sich in die preußische Prozessordnung und das preußische Recht erst einarbeiten musste. Hinzu kam das für ihn ungewohnte Arbeitstempo: „Von des Morgens acht Uhr bis abends sieben Uhr geht es meist, einen kleinen Spaziergang abgerechnet, in einem fort. Neulich fielen mir an einem Tage, nachdem ich schon ein paar Termine abgehalten, 77 Prozesse ins Haus (...)."
Abwechslung und Licht in die düsteren Potsdamer Jahre brachte der Verkehr mit den neugewonnenen Berliner Freunden. Schon während seiner Besuche im Dezember 1852 und im September 1853 hatte Storm durch seinen Verleger Alexander Duncker den Kunsthistoriker Friedrich Eggers (1819–1872) und durch diesen Theodor Fontane und den Historiker Franz Kugler (1808–1858) kennengelernt und so Eingang in die Künstlervereinigung „Tunnel über der Spree" und in den intimeren „Rütli"-Zirkel gefunden.
In der Potsdamer Zeit ist das berühmte Gedicht „Meeresstrand" entstanden, das aus dem konkreten Bild der Wattenmeerlandschaft die Vorstellung von der Unendlichkeit der Natur entwickelt:

An's Haff nun fliegt die Möwe,
Und Dämm'rung bricht herein;
Über die feuchten Watten
Spiegelt der Abendschein.

Graues Geflügel huschet
Neben dem Wasser her;

Wie Träume liegen die Inseln
Im Nebel auf dem Meer.

Ich höre des gärenden Schlammes
Geheimnisvollen Ton,
Einsames Vogelrufen –
So war es immer schon.

Noch einmal schauert leise
Und schweiget dann der Wind;
Vernehmlich werden die Stimmen,
die über der Tiefe sind.

In seiner Potsdamer Zeit ist Storm mit zwei Dichtern zusammengetroffen, die großen Einfluss auf ihn gehabt haben. Im Februar 1854 kam es bei Franz Kugler in Berlin zu einer Begegnung mit Joseph v. Eichendorff (1788–1857), von der Storm berichtet: „Er ist ein Mann von mildem, liebenswürdigem Wesen, viel zu innerlich, um, was man gewöhnlich vornehm nennt, an sich zu haben, in seinen stillen blauen Augen liegt noch die ganze Romantik seiner wunderbaren poetischen Welt."
Eduard Mörikes Dichtung kannte Storm schon seit seiner Studienzeit. Im Jahre 1850 hatte er mit ihm brieflichen Kontakt aufgenommen und ihm seine „Sommergeschichten und Lieder" zugeschickt. Ein Besuch bei Mörike in Stuttgart hat Storm so stark beeindruckt, dass er sich auf der Rückreise, noch „im Eisenbahnwagen", Notizen gemacht und diese dann in

Illustration zu Storms Novelle „Immensee" von dem Berliner Journalisten und Maler Ludwig Pietsch 1857 zu der Szene: „Meine Mutter hat's gewollt,/Den Andern ich nehmen sollt'."

seinem Aufsatz „Meine Erinnerungen an Eduard Mörike" verwertet hat.

Trotzdem sind Storm die Potsdamer Jahre nicht in guter Erinnerung geblieben. Für ihn war Potsdam das „große Militär-Casino". „Der Militär-Etat", meinte er, „frisst hier ja alles auf." Vor allem störte den Schleswig-Holsteiner das „Rangklassenbewusstsein" der preußischen Gesellschaft. In einem Brief an Fontane gesteht er: „(...) in der Berliner Luft (ist) etwas, was meinem Wesen widersteht, und was ich auch bis zu einem gewissen Grade zu erkennen glaube. Es ist, meine ich, das, dass auch in den gebildeten Kreisen man den Schwerpunkt nicht in die Persönlichkeit, sondern in Rang, Titel, Orden und dergleichen Nipps legt."

In seinem Gedicht „Für meine Söhne" kritisiert er die auf Geld und Stand ausgerichtete Gesellschaft, wie er sie in Potsdam und Berlin kennengelernt hatte:

Für meine Söhne

Hehle nimmer mit der Wahrheit!
Bringt sie Leid, nicht bringt sie Reue;
Doch, weil Wahrheit eine Perle,
Wirf sie auch nicht vor die Säue.

Blüte edelsten Gemütes
Ist die Rücksicht; doch zu Zeiten
Sind erfrischend wie Gewitter
Goldne Rücksichtslosigkeiten.

Wackrer heimatlicher Grobheit
Setze deine Stirn entgegen;
Artigen Leutseligkeiten
Gehe schweigend aus den Wegen.

Wo zum Weib du nicht die Tochter
Wagen würdest zu begehren,
Halte dich zu wert, um gastlich
In dem Hause zu verkehren.

Was du immer kannst, zu werden,
Arbeit scheue nicht und Wachen;
Aber hüte deine Seele
Vor dem Karriere-Machen.

Wenn der Pöbel aller Sorte
Tanzet um die goldnen Kälber,
Halte fest: du hast vom Leben
Doch am Ende nur dich selber.

Theodor Fontane um 1865. Storm lernte Fontane in Potsdam und Berlin näher kennen. Es war eine echte Dichterfreundschaft.

Fontane hielt die „politischen Anklagen" des Schleswig-Holsteiners und die „ewige Verkleinerung Preußens" für „lokalpatriotische Husumerei". Storm aber beharrte auf seinem Standpunkt, ja, sein Adelshass und seine Kritik am preußischen Obrigkeitsstaat, wie sie später in seinen Werken und Briefen zum Ausdruck kamen, haben offenbar hier, in der Potsdamer Zeit, ihre Wurzeln.

Als Dichter jedoch haben sich Storm und Fontane hoch geschätzt. Storm lobte „Jenseits des Tweet" und schwärmte für Fontanes Balladen, besonders für „Archibald Douglas"; Fontane zählte Storm als Lyriker zu den „drei, vier Besten, die nach Goethe kommen", ja, er gestand in einem Brief sogar: „Lieber Storm, Sie sind und bleiben nun mal mein Lieblingsdichter und ich bin dessen ganz gewiss, Sie haben auf der ganzen weiten Welt keinen größeren Verehrer als mich."

Im Juli 1856 erhielt Storm die Nachricht, dass er zum Kreisrichter in Heiligenstadt ernannt sei.

Kreisrichter in Heiligenstadt: 1856–1864

Heiligenstadt ist die Kreisstadt des Eichsfeldes, hat seit dem elften Jahrhundert zum Bistum Mainz gehört und ist bis heute katholisch. Zu Storms Zeit hatte Heiligenstadt etwa 6500 Einwohner, war also eine Kleinstadt wie Husum, besaß aber keinen Eisenbahnanschluss. Die nächste Station war das fünfundzwanzig Kilometer entfernte Göttingen.
Nach längerem Suchen fand man eine Wohnung „vor dem Casseler Tor" mit „anmutiger Aussicht auf die Berge". Anfang September 1856 war der Umzug von Potsdam hierher bewältigt. Auch in Heiligenstadt blieb die finanzielle Situation der Familie gespannt. Der Kreisrichter Storm bekam sechshundert Taler im Jahr, brauchte aber – wie er angab – mindestens tausend Taler. Es musste also weiter gespart werden. Bucheckern wurden gesammelt, Mus wurde eingekocht, um Butter zu sparen und Brotaufstrich zu haben. Auch der Vater in Husum musste immer wieder mit Zuschüssen einspringen. Es war ja inzwischen eine große Familie zu versorgen: Zu den drei Söhnen war in Potsdam eine Tochter hinzugekommen (Lisbeth: 1855), und in Heiligenstadt wurden Lucie (1860) und Elsabe (1863) geboren. Hinzu

kamen zwei Dienstmädchen und häufige Besuche von Verwandten und Bekannten.

Das Kreisgericht war – zusammen mit dem Landratsamt (wie heute) – in dem ehemaligen Kurmainzer Schloss untergebracht, einem barocken Sandsteinbau mit breitem Treppenaufgang und sehenswerten Stuckarbeiten. In der ersten Etage hatte Storm seine Amtsräume. Seine Tätigkeit als Kreisrichter gestaltete sich bedeutend leichter als unter der „Hetzpeitsche in Potsdam": Zwei Tage in der Woche war Bagatelltag mit circa zwanzig bis dreißig Terminen, an einem anderen Tag Kriminalsitzung, und Plenarsitzungen wurden nur einmal im Monat abgehalten. Häufiger standen Lokaltermine in der Umgebung der Stadt an; sie gaben Storm die Möglichkeit, mit den Menschen und der Landschaft des Eichsfeldes in nähere Berührung zu kommen.

Die Eichsfelder Landschaft hat viel dazu beigetragen, dass der Dichter sich in Heiligenstadt schnell heimisch fühlte. „Wir haben die schöne Gegend", meinte er einem Freund gegenüber, „unmittelbar vor der Tür, und überall in der Nähe die Eichendorff-romantischsten Berg- und Schluchteinsamkeiten, wirklich zum Teil von wundersamer Stille und Poesie." Auch die Stadt selbst gefiel ihm und der „treuherzige Menschenschlag". Schon bald gestand er seinem Berliner Freund Ludwig Pietsch: „Da ich nicht in Husum sein kann, so wünschte ich nur in Heiligenstadt zu sein."

Das gesellige Leben gestaltete sich in der kleinen Stadt sehr angenehm. Zwanzig Familien trafen sich jeden Donnerstagabend reihum bei einem der Teilnehmer zu einem sogenannten „Römischen Abend", ohne allen Zwang (jeder konnte kommen und gehen, wann er wollte) und ohne Aufwand (bei einer Tasse Tee und einem Stück Kuchen).

Ein anregendes Freundschaftsverhältnis entwickelte sich zwischen Theodor Storm und dem Landrat Alexander v. Wussow, einem Mann „von umfassender Bildung und jugendlicher Begeisterung für das Schöne", sowie zu seiner Frau Anna. Mitunter kam es zwar zu heftigen Meinungsverschiedenheiten zwischen ihnen, etwa über die Rolle des Adels in Staat und Gesellschaft; das aber tat, da die Wussows „grundgut" und frei waren von Adelshochmut, der Freundschaft keinen Abbruch.

Eine besondere Freude bereitete der Vater Johann Casimir seinem Sohn zu Weihnachten 1858: Er schenkte ihm ein Ibach-Tafelklavier (heute im Storm-Haus in Husum). So wurde die Musik wieder zur „Begleiterin" seines Lebens; es stand „selten einen Tag unberührt". Nun konnte der Dichter einen Gesangverein ins Leben rufen, der zuletzt fünfzig Chorsänger und -sängerinnen umfasste. An bedeutende Werke hat er sich mit seinem Chor herangewagt, zum Beispiel an Mendelssohn Bartholdys „Paulus"; er selbst sang dabei mit seinem kräftigen Tenor die Partie des Stephanus.

Die Heiligenstädter Jahre waren in poetischer Hinsicht eine fruchtbare Zeit. Außer einigen bedeutenden Gedichten (zum Beispiel „Ein Sterbender" und „Cruzifixus") sind dort insgesamt sechs Novellen, zwei Märchen und die Spukgeschichtensammlung „Am Kamin" entstanden. Storms Novellistik entwickelte sich weiter,

Das Ibach-Tafelklavier, das der Vater dem Sohn während dessen Aufenthalt in Heiligenstadt schenkte (heute im Husumer Storm-Museum). Storm am 6. April 1860 an seinen Vater: „Die Musik ist wieder, wie in früheren Zeiten, die Begleiterin meines Lebens."

Heiligenstadt: Das Schloss, Lindenstraße 54/55, in dem das Kreisgericht untergebracht war, in dem Storm von 1856 bis 1864 gearbeitet hat.

und zwar in der Richtung, wie sie in der Potsdamer Zeit vorbereitet wurde: Die Perspektiv- und Stimmungskunst gewann größere Wirklichkeitsnähe.

„Auf dem Staatshof" von 1858 kann man die erste realistische Novelle Storms nennen. Die Erinnerungsperspektive ist durch die Eingangsworte festgelegt: „Ich kann nur Einzelnes sagen (...), wie es die Erinnerung mir tropfenweise hergibt, so will ich es erzählen." Aber die Erinnerungsbilder vom Staatshof, vom Gartenpavillon, von Anne Lene und von der Marschlandschaft sind so wirklichkeitsgesättigt, dass sich dem Leser ein äußerst konkretes Bild vom „Verfall der Familie" – man wird tatsächlich an Thomas Manns vierzig Jahre später entstandenen Roman „Buddenbrooks" erinnert – und vom Untergang einer überlebten Wirtschafts- und Gesellschaftsform einprägt.

Auch die Novelle „Im Schloss" von 1862 schildert eine junge Frau, ein adeliges Schlossfräulein, das zwischen den Zeiten steht. Hier aber gelingt es Anna, der Protagonistin, die Standesschranken zu überwinden (sie heiratet einen Bürgerlichen) und sich zu einer modernen Weltsicht durchzuringen.

In der Heiligenstädter Zeit kam es zu einer spürbaren Verschärfung der Storm'schen Weltanschauung. Unter dem Einfluss der Erkenntnisse der modernen Naturwissenschaften, besonders der Mendel'schen Vererbungslehre und des Darwinismus, und dem religionskritischen Gedankengut des Philosophen Ludwig Feuerbach hat sich Storm immer mehr vom christlichen Glauben entfernt. Aufschlussreich in diesem Zusammenhang ist das

1863 entstandene Gedicht „Ein Sterbender", wo es heißt: „Gefangen gab ich niemals die Vernunft/Auch um die lockendste Verheißung nicht." In diesem Gedicht hat er – geradezu testamentarisch – verfügt (und man hat sich später bei seiner Beerdigung daran gehalten): „Auch bleib der Priester meinem Grabe fern;/Zwar sind es Worte, die der Wind verweht;/Doch will es sich nicht schicken, dass Protest/Gepredigt werde dem, was ich gewesen (...)."

Auch Storms politische und gesellschaftspolitische Vorstellungen traten in Heiligenstadt deutlicher hervor. Er gewann tiefere Einblicke in den preußischen Staat, kritisierte obrigkeitliches Denken, übertriebenes Standesbewusstsein und die Rolle von Adel und Kirche im Staat. Der Landrätin Anna v. Wussow erklärte er unmissverständlich, dass „Adel und Kirche die zwei wesentlichen Hemmnisse einer durchgreifenden sittlichen Entwicklung" seien.

Mit solchen Vorstellungen begleitete Storm die neuen politischen Entwicklungen in Schleswig-Holstein. Der dänische König Christian IX. hatte am 18. November 1863, wenige Tage nach dem Tode seines Vorgängers Friedrich VII., die sogenannte Novemberverfassung unterschrieben, die für ganz Schleswig bis zur Eider Gültigkeit haben sollte. Dagegen wandte sich Prinz Friedrich VIII. von Augustenburg als rechtmäßiger Herzog von Schleswig-Holstein und proklamierte nun seinerseits ein selbstständiges Schleswig-Holstein. Auch der Deutsche Bund forderte die Zurücknahme der Novemberverfassung und ließ, als diese nicht erfolgte, seine Truppen einmarschieren.

Storm und seine Familie begrüßten diese Entwicklung und träumten von Heimkehr, allerdings unter dem Vorbehalt, dass der Herzog, also der Adel, nur vorübergehend herrschen und danach ein demokratisches Schleswig-Holstein entstehen würde, an dessen Aufbau Storm als „Tyrtäus der Demokratie" (Brief vom 18. Januar 1864 an seinen Freund Brinkmann), das heißt als Dichter und Sänger der Demokratie, mitwirken wollte. Als dann – am 1. Februar 1864 – auch Österreich und Preußen in den Konflikt eingriffen, entwickelte sich alles viel schneller, als Storm erwartet hatte. Die dänischen Beamten waren beim Einmarsch der Verbündeten geflohen, auch der von den Dänen eingesetzte Husumer Landvogt, und eine Versammlung Husumer Bürger hatte am 9. Februar Storm zum Landvogt des Landkreises gewählt. Storm wurde damit vor die Frage gestellt, ob er seine sichere Stellung im preußischen Justizdienst aufgeben und dem Ruf in die Heimat folgen sollte. Bei der Verantwortung für eine achtköpfige Familie war das eine schwere Entscheidung, zumal die dänische Armee noch nicht besiegt war – erst am 18. April 1864 fielen die Düppeler Schanzen! – und eine offizielle Berufung als Landvogt durch die provisorische herzogliche Regierung nicht vorlag. Nach einem Besuch in Husum und Konsultationen mit seinem Vater entschied Storm sich dennoch am 16. Februar, dem Ruf seiner Landsleute zu folgen und die Risiken auf sich zu nehmen: „Ich habe recht gehandelt", sagte er zu sich selbst, „etwas anderes hätte mir nicht geziemt."

Erstürmung der Düppeler Schanzen durch preußische Truppen am 18. April 1864 (zeitgenössische Lithografie).

Landvogt und Amtsrichter in Husum: 1864–1880

In der Süderstraße in Husum wohnten im neunzehnten Jahrhundert vornehmlich Handwerker und kleine Leute. Das Milieu wird in Storms Novellen, zum Beispiel in „Pole Poppenspäler" und „Bötjer Basch", anschaulich geschildert. Nur im oberen Teil der Straße, in der Nähe der Kirche, standen einige größere Giebelhäuser. In eines von ihnen, in das Predigerwitwenhaus, Süderstraße 12, zog Storm mit seiner Familie nach der Heimkehr ein. Im Haus war – wie später in der Wasserreihe 31 – auch die Landvogtei untergebracht.

Als Landvogt hatte Storm eine selbstständige und sehr angesehene Stellung. Er war „Obervormund, Polizeimeister, Kriminal- und Zivilrichter" für den Bereich des Amtes Husum, das – unter Ausschluss der Stadt – den ganzen Landkreis und die Inseln umfasste. Voller Zuversicht begann er im März 1864 diese für ihn ungewohnte Tätigkeit: „(...) habe den ganzen Tag als Landvogt geamtet, allen möglichen Leuten über alle möglichen Dinge, von denen ich nichts verstehe, gründlichen Bescheid erteilt, Verbrecher verfolgt usw."
Zum ersten Mal konnte der nun fast Siebenundvierzigjährige mit seiner Familie ohne finanzielle Sorgen

leben. Bald blieb auch noch Zeit übrig für Musik und Dichtkunst. Storm war nun wieder zu Hause, und er hat dieses Zuhausesein genossen: den geselligen Verkehr mit Eltern, Geschwistern und Freunden in Husum, die Fahrten zu Verwandten, etwa zu seinem Bruder in Hademarschen, und die Besuche durchreisender Freunde. Am 27. September 1864 machte Fontane – von Kopenhagen, Jütland und Flensburg kommend, wo er Materialien für sein Buch „Der Schleswig-Holsteinische Krieg im Jahre 1864" gesammelt hatte – für einen Tag bei Storms in der Süderstraße Halt. „Wir haben uns in den paar Stunden fast um den Hals geredet", berichtet Storm von diesem Treffen. In politischen Fragen sind sie sich dabei allerdings nicht nähergekommen.

Nachdem Constanze am 4. Mai 1865 ein gesundes Kind, die Tochter Gertrud, auf die Welt gebracht und die Geburt an sich gut überstanden hatte, starb sie am 20. Mai am Kindbettfieber. In einem Brief an den Dichterfreund Klaus Groth (1819–1899) hat Storm seiner Frau ein Denkmal gesetzt: „Wenn Sie meine Frau gekannt hätten, würden Sie freilich nicht daran zweifeln, dass mit ihrem Tode mein eigenstes Leben beschlossen ist; auch ferner Stehende als ich müssen wohl bekennen, dass sie niemals ihres Gleichen sahen; (...) sie war das Weib eines Dichters, wie es Träume nur ersinnen können." Am 24. Mai 1865, morgens um vier Uhr, trugen Mitglieder des Gesangvereins Constanzes Sarg aus dem Haus; Storm folgte mit seinen drei Söhnen und seinem Bruder Aemil. Ohne Segensworte eines Priesters, ohne Grabgeläut wurde die Tote in die Familiengruft auf dem St.-Jürgen-Friedhof hinabgesenkt. „Als die neugierige Stadt erwachte, hatte ich schon all mein Glück begraben."

Nach der Rückkehr vom Friedhof in das leere Haus hat sich Storm – nach Aussagen seiner Tochter – ans Klavier gesetzt und stundenlang gespielt. Mit dem Gedicht „In der Gruft bei den alten Särgen/Steht nun ein neuer Sarg (...)", das im Anschluss daran entstand, hat er sich einen Teil seines Schmerzes von der Seele geschrieben. Diesem Gedicht folgten in den nächsten Wochen weitere, die unter dem Titel „Tiefe Schatten" veröffentlicht wurden. Sie verdeutlichen, dass – wie Storm Mörike gegenüber formulierte – die „Einsamkeit und das quälende Rätsel des Todes" die „beiden furchtbaren Dinge" waren, mit denen er jetzt den „stillen und unablässigen Kampf aufgenommen" hatte. So heißt es in dem dritten Gedicht des Zyklus:

(...) vor mir dehnt es sich,
Öde, voll Entsetzen der Einsamkeit;
Dort in der Ferne ahn' ich den Abgrund;
Darin das Nichts. –

In Anlehnung an Johann Wolfgang von Goethe („Edel sei der Mensch") gelang es Storm jedoch, die Verzweiflung durch einen „andern Glauben" zu überwinden: durch den Glauben an das Gute im Menschen. So schreibt er im siebten Gedicht:

Größer werden die Menschen nicht;
Doch unter den Menschen
Größer und größer wächst
Die Welt des Gedankens;
Strengeres fordert jeglicher Tag
Von den Lebenden.

Und so sehen es Alle,
Welche zu sehen verstehn,
Aus dem seligen Glauben des Kreuzes
Bricht ein andrer hervor,
Selbstloser und größer.
Dessen Gebot wird sein:
Edel lebe und schön,
Ohne Hoffnung künftigen Seins
Und ohne Vergeltung,
Nur um der Schönheit des Lebens willen.

Schneller als seine Freunde es erwartet hatten, hat Storm den schweren Schicksalsschlag überwunden. Nachdem für das Neugeborene und für die übrigen sechs Kinder gesorgt war (Miss Mary Pyle, eine englische Hausdame, übernahm den Haushalt), spürte Storm neuen Lebensmut. Als der russische Schriftsteller Iwan Turgenjew (1818–1883) durch Storms Berliner Freund Ludwig Pietsch von Storms Reiseplänen hörte, lud er ihn ein, bei ihm zu wohnen, „so lange, wie es ihm irgend gefiele". Storm kannte Turgenjews Dichtung schon seit seiner Potsdamer Zeit. Er hatte damals den Deutsch-Russen August v. Viedert und dessen Übersetzung der Turgenjew'schen „Aufzeichnungen eines Jägers" kennengelernt und war von den Jägerskizzen so begeistert, dass er sie seinem Verleger Schindler zum Druck empfahl, der sie im Jahre 1854 auch herausbrachte. Inzwischen hatte Storm Turgenjews Roman „Das Adelsnest", die Novellen „Faust" und „Die drei Begegnungen" gelesen und eine gewisse Verwandtschaft mit seiner eigenen Dichtung festgestellt. Deshalb nahm er die Einladung gern an und ist am 1. September 1865 in das damalige Weltbad Baden-Baden abgereist.

Vom 5. bis 13. September 1865 hat Theodor Storm bei Iwan Turgenjew gewohnt. Die Gespräche der beiden, die Spaziergänge mit Ludwig Pietsch in die Umgebung, vor allem die Konzerte und Teeabende im Kreis der berühmten Sängerin Pauline Viardot-García haben den Dichter zerstreut und ihm neuen Lebensmut gegeben.

Nach der Rückkehr aus Baden-Baden hat Storm sich dem Leben wieder zugewandt, sich vermehrt um die Kinder gekümmert und die Proben in seinem Gesangverein wieder aufgenommen.

Als er in dieser Zeit Dorothea Jensen, der früheren Jugendgeliebten, wieder begegnete, spürte er: Sie war keine Fremde, ihr gehörte – wie er später bekannt hat – „die Hälfte" seiner Dichtkunst; ihre Hand hatte er einst „in die Poesie eingeführt" (in „Immensee").

Ein Jahr nach Constanzes Tod, am 13. Juni 1866, ließen sich Dorothea Jensen und Theodor Storm in Hattstedt von Pastor Herr, einem Schulkameraden des Dichters, trauen.

Der russische Dichter Iwan Turgenjew
um 1872 (Zeichnung von Ludwig
Pietsch) in Baden-Baden, wo Storm
ihn im September 1865 besuchte.

Um sich und seiner Frau den Neuanfang zu erleichtern, verließ er das Haus in der Süderstraße und zog in ein geräumigeres, helleres in der Wasserreihe 31, das heutige Storm-Museum. In diesem alten Bürgerhaus aus dem Jahre 1730 mit einer Atmosphäre, wie Storm sie in mehreren Novellen beschrieben hat, hat sich der Dichter besonders wohl gefühlt. Trotzdem waren die ersten Ehejahre hier keine glückliche Zeit. Storm stellte zu hohe Anforderungen an seine zweite Frau: Sie sollte wie Constanze gleichzeitig Geliebte, Gefährtin und das poetische Gewissen ihres Mannes sein, außerdem Wirtschafterin, sollte wie eine echte Mutter für die Kinder sorgen und doch nicht „Mutter" von ihnen genannt werden (Storm: „Das klänge mir wie eine Beraubung der Toten"). In den ersten Ehejahren kam es denn auch immer wieder zu Krisen, die sich schlecht auf den Gesundheitszustand von Dorothea Storm auswirkten. Erst nach der Geburt eines eigenen Kindes, Friederike, am 4. September 1868, wurden diese Schwierigkeiten überwunden und – wie in der Novelle „Viola tricolor" geschildert – die Stiefmutterprobleme gelöst.

Politisch aber entwickelte sich alles anders, als Storm gehofft und gewünscht hatte. Er hatte, als er aus der Emigration nach Husum zurückkehrte, an ein selbstständiges und demokratisches Schleswig-Holstein gedacht, das er mit aufbauen wollte. Stattdessen musste er erkennen, dass die Preußen (in Schleswig) und die Österreicher (in Holstein) ihre Verwaltung immer mehr ausbauten. „In der eigenen Heimat von der Willkür Fremder abzuhängen", meinte er ent-

Husum: Wasserreihe 31. Das Haus, in dem der Dichter nach dem Tode seiner Frau Constanze und nach der Wiederverheiratung mit seiner Familie von 1866 bis 1880 gewohnt hat. Heute befindet sich hier das Dichtermuseum.

Dorothea Jensen („Do"), Storms zweite Frau (Foto: Ström, um 1880).

Wohnzimmer der Familie Storm, Husum, Wasserreihe 31 (im Dichterhaus bis heute erhalten). Auf der Rücklehne des Sofas: Das „Täfelchen mit einer Hirschjagd" (so in der Novelle „Drüben am Markt").

Theodor Storms Arbeitszimmer, von seinen Freunden „Poetenstübchen" genannt. Es ist original im Dichterhaus erhalten. Hier entstanden über zwanzig Novellen, unter anderem die Novelle „Pole Poppenspäler".

täuscht, sei beinahe noch schlimmer, „als simpelweg hinausgeschmissen zu werden." Als dann die Österreicher sich zurückzogen und der preußische Baron Karl v. Scheel-Plessen als Oberpräsident eingesetzt wurde (14. Juni 1866), war das von Storm Befürchtete eingetreten: Schleswig-Holstein war eine preußische Provinz, das schleswig-holsteinische Amt des Landvogts wurde abgeschafft, und Storm war wieder preußischer Amtsrichter!

Nur zu verständlich, dass er, der in preußischen Diensten nicht die besten Erfahrungen gemacht hatte, in Panik geriet. Er fürchtete die „preußische Bettelwirtschaft", wie er sie in Potsdam und Heiligenstadt kennengelernt hatte, vermietete die untere Etage seines Hauses und zog – wie er bitter vermerkte – „auf die Schlafzimmer nach oben".

Die obere Etage wurde jedoch behaglich ausgebaut (wovon man sich im heutigen Museum überzeugen kann): Der ursprüngliche „Saal" des alten Kaufmannshauses wurde zum Wohnzimmer; hier fand das Ibach-Tafelklavier seinen Platz, hier wurde musiziert, und auf dem alten Familiensofa sitzend (mit dem „Jagdstückchen über dem Rücksitze" wie in der Novelle „Drüben am Markt") las Storm seine neu entstandenen Dichtungen vor. Der hintere Hausteil wurde aufgestockt, und am Ende des oberen Flures fanden die Küche und das Arbeitszimmer des Dichters ihren Platz. Dieses Zimmer, von den Freunden „Poetenstübchen" genannt, hat Storm sich selbst „gedichtet": mit roten Wänden, einer Gaslampe, einem eingebauten Wandschrank und seiner Bibliothek (so unverändert im Storm-Haus-Museum erhalten). In diesem Raum sind über zwanzig Novellen entstanden.

Die ersten Novellen, die er nach Constanzes Tod schrieb, sind noch Produkte der Übergangszeit: „In St. Jürgen" und „Eine Malerarbeit" (beide 1867). Mit der Novelle „Draußen im Heidedorf" von 1872 ist Storm endlich der Durchbruch zu einer neuen Form der Novelle gelungen, „ohne den Dunstkreis einer bestimmten Stimmung". Ein juristischer Fall (aus der Praxis des Amtsrichters) wird so nüchtern wie möglich erzählt, und doch bleibt die Perspektivkunst erhalten: Aus den unterschiedlichen Sichtweisen des Amtsrichters, der Küstersfrau, der Geliebten und der Ehefrau des Selbstmörders wird (beim Verhör) das Schicksal eines Bauern erhellt, der einem fremdländisch-schönen Mädchen, der „Slowaken-Margreth", verfallen ist.

Am bekanntesten ist die Novelle „Pole Poppenspäler" von 1874 – eine Geschichte, die gleichzeitig Kindergeschichte und Künstlergeschichte ist: In den Kindern und durch die Kinder wird der Gegensatz zwischen Bürger (dem Drechsler Paul Paulsen) und Künstler (dem Puppenspieler) aufgehoben und das Schimpfwort „Pole Poppenspäler" zum Symbol für das „Beste, was das Leben mir gegeben hat", wie Paul Paulsen in Anspielung auf seine Heirat mit der Tochter eines Puppenspielers meint.

In diesen Jahren ist auch die Novelle „Viola tricolor" (1873) entstanden, die die Stiefmutterproblematik im Hause Storm poetisch verarbeitet und neu formt.

Im „Poetenstübchen" entstand 1874
Storms Novelle „Pole Poppenspäler".
Hier: eine zeitgenössische Illustration
von Carl Offterdinger.

Schauplatz ist – wie man erst beim Aufbau des Museums entdeckt hat – das Haus in der Wasserreihe. Wer es besichtigt, kann in den Räumen der Dichtung umhergehen.

Zu den besten Novellen dieser Zeit gehört „Aquis submersus" (1876), die erste von fünf Chroniknovellen, die Storm geschrieben hat. Den Anstoß gab eine lateinische Inschrift, die der Dichter unter einem Epitaph der Familie Bonnix in der Kirche von Drelsdorf gelesen hat. Noch heute kann der Besucher unter dem rechten Epitaphbild, dem Bildnis eines Knaben, der eine rote Blume in der Hand hält, die Worte entziffern: „Aquis incuria servi submersus" („durch die Unachtsamkeit eines Knechtes im Wasser ertrunken"). „Diese seltsam harte, die Nachlässigkeit des armen Kerls verewigende Inschrift prägte sich mir ein und ging mir nach, bis sie mich endlich zu dieser Dichtung anregte", schrieb Storm. Er veränderte jedoch die Inschrift zu „Culpa Patris Aquis Submersus" („durch die Schuld des Vaters im Wasser ertrunken") und gab seiner Dichtung damit einen entscheidend anderen Inhalt und eine andere Tendenz.

Storm konnte hier – wie in seinen anderen Chroniknovellen – das Thema seiner Zeit, das ihm am Herzen lag, ansprechen: den unerträglichen Gegensatz zwischen dem bevorrechtigten Adel und dem einfachen Bürger. Die Schuld am Tod des Knaben nämlich liegt letztendlich nicht beim Vater, sondern auch (laut einer Tagebucheintragung Storms) „auf dem Übermut eines Bruchteils der Gesellschaft, welcher, ohne Verdienst auf die irgendwie von den Vorfahren eroberte Ausnahmestellung pochend, sich besseren Blutes dünkt und so das menschlich Schöne und Berechtigte mit der ererbten Gewalt zu Boden tritt". Der plattdeutsche Spruch, den Storm geradezu leitmotivisch im Anfangs- und Schlussteil der Novelle aufklingen lässt, ist deshalb nicht nur Ausdruck der düsteren Vergänglichkeitsstimmung, die über dem Werk liegt, sondern auch der Überzeugung des Dichters, dass die Zeit der Junker vorbei ist: „Gelick as Rook und Stoof verswindt, Also sind ock de Minschenkind" (die Verse sind heute noch nachzulesen auf dem alten Stein, der in der Fassade des „Aquis-Submersus-Hauses" am Markt/Ecke Krämerstraße in Husum eingelassen ist).

Die Vergänglichkeit und Todesproblematik hat Storm stark beschäftigt, auch weil ihm der „glückliche" Glaube an ein Weiterleben nach dem Tode fehlte. Ein erschütterndes Dokument seiner Angst vor „Vergehen und Vergessen werden" ist das Gedicht „Geh nicht hinein", das – wie Storm Gottfried Keller mitgeteilt hat – „den Eindruck" wiedergeben sollte, „den der Anblick eines Gestorbenen (...) auf jeden macht und wogegen es keine Rettung als die des Glaubens an ein Wiederaufleben in einem andern Zustande gibt, die aber für mich nicht vorhanden ist". Und so lauten die letzten Verse dieses Gedichts:

Dort, wo er gelegen,
Dort hinterm Wandschirm, stumm und einsam liegt
Jetzt etwas – bleib! Geh nicht hinein! Es schaut
Dich fremd und furchtbar an; für viele Tage
Kannst du nicht leben, wenn du es erblickt.

Und weiter – du, der du ihn liebtest – hast
Nichts weiter du zu sagen?
Weiter nichts.

Nachdem sein Vater im Jahre 1874 und die Mutter im Jahre 1879 gestorben waren, fasste Storm einen großen Entschluss: Husum zu verlassen und in dem Dorf Hademarschen noch einmal einen neuen Lebensabschnitt zu beginnen. Die vorzeitige Pensionierung (mit zweiundsechzig) wurde eingereicht, das Haus in der Wasserreihe 31 und das Elternhaus in der Hohlen Gasse 3 verkauft und auf dem Butterberg in Hademarschen „mit Aussicht auf wahrhaft Eichendorff'sche Wald- und Wiesengründe" eine Altersvilla projektiert; Storm hoffte, dort „als Poet noch eine neue Periode" beginnen zu können. „Man darf nicht in Erinnerungen schwelgen, wenn man für das Leben etwas leisten will", rief er sich zu und verließ seine geliebte „graue Stadt am Meer".

Alterssitz in Hademarschen: 1880–1888

Mit dem Umzug nach Hademarschen wollte Storm dem „Gespenst der Vergänglichkeit" entrinnen. Täglich hat er den Bau der Altersvilla beaufsichtigt und die Anlage des großen Gartens vorangetrieben. Seine Aufbruchstimmung offenbart sich in einem Brief an Erich Schmidt vom 18. Juni 1880: „Es ist Sommer, voller Sommer. Gestern in der einsamen Mittagsstunde ging ich nach meinem Grundstück und konnte mich nicht enthalten, in meinem Bau umherzuklettern (...). Ich blieb lange in meiner Zukunftsstube und webte mir Zukunftsträume, indem ich in das sonnige weithin unter mir ausgebreitete Land hinausschaute. Wie köstlich ist es zu leben, bloß zu leben!" Auch seine Muse war heiterer Stimmung. Die in Husum begonnene humorvolle Novelle „Die Söhne des Senators" wurde zu Ende geführt. Bald fanden sich auch Szenen zu einem alten Anfang, der lange gelegen hatte und nun in die Novelle „Der Herr Etatsrat" übernommen wurde: „Also Sie haben die Bestie noch gekannt?"
Ende April wurde die Altersvilla bezogen; unten lagen drei geräumige Wohnzimmer, eine Veranda und eine Terrasse, oben mehrere Schlafräume und das Arbeits-

Theodor Storms Altersvilla in Hademarschen, Gartenseite. Zeichnung von N. Schulz von 1897.

Von Hademarschen ist Storm 1886 zur Generalversammlung der Goethe-Gesellschaft (deren Mitglied er war) nach Weimar gereist. Hier: das herzogliche Schloss in Weimar, in das er vom Herzog zur Audienz geladen war.

zimmer des Dichters mit dem Blick „ins weite Land hinaus".

Von hier aus hat Storm seine „Flügel nach allen Weltenden" ausgespannt. Obwohl er nur „drei Eisenbahnstunden von Hamburg" entfernt war, spürte er (wie in Husum), dass er Verbindung halten musste mit der Welt, vor allem mit der literarischen Welt. So hat er hier seine brieflichen Kontakte mit dem Schriftsteller Paul Johann Ludwig von Heyse (1830–1914) in München, dem deutschen Literaturwissenschaftler Erich Schmidt (1853–1913) in Wien, Gottfried Keller in Zürich und dem deutschen Lyriker und Schriftsteller Wilhelm Jensen (1837–1911) in Freiburg noch verstärkt.

1884 reiste er zu seinen Freunden nach Berlin. Zu seinen Ehren wurde im „Englischen Haus" ein Bankett veranstaltet und Fontane schrieb später über diese letzte Begegnung mit Storm: „Man empfing von ihm einen reinen, schönen Poeteneindruck. In allem Guten war er der Alte geblieben, und was von kleinen Schwächen ihm angehangen, das war abgefallen."

Im Jahre 1886 hat sich Storm noch einmal aufgemacht, seinen Freund Erich Schmidt (inzwischen Direktor des Goethe-Archivs) in Weimar zu besuchen und an der Tagung der neu gegründeten Goethe-Gesellschaft teilzunehmen. Vom Großherzog wurde er zur Audienz ins Schloss gebeten. Storm erschien nicht wie die anderen Geladenen im Zylinder, sondern im „Schlapphut", um seine bürgerlich-demokratische Grundhaltung zu demonstrieren.

Die „neue Periode" in Hademarschen ist gekennzeichnet durch eine Reihe bedeutender Novellen. Mit „Hans und Heinz Kirch" von 1882 hat Storm noch einmal die ihn selbst bewegende Vater-Sohn-Problematik angeschnitten. Der Vater ist hier ein Schiffer, der Erwerb und bürgerliches Ansehen für die höchsten Werte hält und seinen Sohn verstößt, weil er diese Werte nicht anerkennt. Die Ostseestadt Heiligenhafen ist der Schauplatz der Handlung. Hafen, Warder, Markt, Kirche und Straßen der Stadt bilden den Hintergrund für die enge bürgerliche Gesellschaft, die Storm kritisiert.
Ein Problem, das heute noch aktuell ist, ist das Thema der Novelle „Ein Doppelgänger" von 1886. Im Mittelpunkt steht ein Zuchthäusler, dem nach abgebüßter Strafe die Wiedereingliederung in die Gesellschaft unmöglich gemacht wird. Storm bringt seine Kritik am Bürgertum seiner Zeit zum Ausdruck, indem er den Bürgermeister sagen lässt, man habe den Zuchthäusler, „wie gebräuchlich", der „lieben Mitwelt zur Hetzjagd überlassen" und ihn „zu Tode gehetzt".
Auch die vorletzte Novelle aus dem Jahre 1887, „Ein Bekenntnis", beschäftigt sich mit einer Problematik, die bis in unsere Tage heftig diskutiert wird: mit dem Problem der Euthanasie. Ein Arzt erlöst seine Frau, die an Krebs erkrankt ist, mit einer Überdosis Morphium von ihren unerträglichen Schmerzen. Er erkennt zu spät, dass sie durch eine neue Heilmethode hätte gerettet werden können und geht nach Afrika, um dort durch seinen Dienst am Menschen seine Schuld zu büßen.

Als Krönung seines Lebens und Höhepunkt seiner Novellistik muss man die „Schimmelreiter"-Novelle ansehen. An ihr hat Storm fast drei Jahre gearbeitet (von 1885 bis 1888). Die „Vorstudien" waren langwierig. Es galt, eine ursprünglich in Westpreußen, an den Deichen der Weichsel, entstandene Spukgeschichte nach Schleswig-Holstein zu verlegen und „in eine würdige Novelle zu verwandeln, die mit den Beinen auf der Erde steht".

Anfang August 1887 ist Storm, „um kräftiger in den Winter zu kommen", für drei Wochen nach Sylt gereist. Hier skizzierte er Szenen zur „Sylter Novelle" und unternahm Fahrten nach Rantum, Wenningstedt, Tinnum und Keitum, um Anschauungsmaterial zu sammeln für diese „demnächstige hier spielende Novelle", die aber leider Fragment bleiben sollte.

Gestärkt kehrte er nach Hademarschen zurück und feierte am 14. September 1887 seinen siebzigsten Geburtstag. Von nah und fern waren Geburtstagsgäste gekommen. Verehrerinnen aus Kiel schenkten dem Dichter einen „kunstvollen Schreibtisch", dessen Oberteil von vier „tiefsinnigen Eulen" getragen wurde, die der nachmals berühmte Maler Emil Nolde (1867–1956) geschnitzt hatte. Heute steht der Tisch im Storm-Museum in Husum.

An diesem Schreibtisch arbeitete Storm intensiv an seinem letzten großen Werk. Anfang Dezember waren – trotz „Magendruck und Krampf in der Brust" – hundertsiebenundzwanzig Seiten Reinschrift fertig. Endlich, am 9. Februar 1888 „um 11 Uhr" (so Storm in seinem Tagebuch) hat er das „Schimmelreiter"-Manuskript beendet.

Der von Sauermann in Flensburg geschaffene kunstvolle Schreibtisch, den Storm von seinen Verehrerinnen in Kiel zum siebzigsten Geburtstag erhielt und an dem er die Novelle „Der Schimmelreiter" vollendete. Die vier geschnitzten Eulen, die das Oberteil tragen, sind Arbeiten des später berühmt gewordenen Malers Emil Nolde (so im Husumer Storm-Haus zu besichtigen).

„Der Schimmelreiter", 1. Seite des
Manuskripts der Novelle, die im
Februar 1880 fertiggestellt wurde
(Landesbibliothek Kiel).

Das Werk fand bei Freunden und Lesern große Zustimmung. Paul Heyse nannte es „ein gewaltiges Stück, das mich durch und durch geschüttelt", und Erich Schmidt bewunderte die „Verbindung des Abergläubisch-Geheimnisvollen mit dem sachkundigen Realismus". Bis heute wird diese Novelle auf der ganzen Welt gelesen.

Storm meinte, als er die Feder aus der Hand legte: „Das ist dann ja auch ein schöner Schluss." Am 30. Juni ging er zum letzten Mal durch seinen Garten, und am 4. Juli starb er in seinem Hause, umringt von Frau und Kindern. Seine sterblichen Überreste wurden am 7. Juli nach Husum überführt. Eine riesige Menschenmenge gab ihm das letzte Geleit bis zum St.-Jürgen-Friedhof. Dort wurde der Sarg in aller Stille, so wie er es in seinem Gedicht „Ein Sterbender" gewünscht hatte, in die alte Familiengruft hinabgesenkt.

Theodor Storm 1886 (Foto Constabel, Hademarschen). Im selben Jahr beginnt er mit der Arbeit an den Novellen „Ein Doppelgänger" und „Der Schimmelreiter".

Zeittafel

1817
14. September: Hans Theodor Woldsen Storm in Husum, Markt 9, geboren.

1826–35
Besuch der Husumer Gelehrtenschule. Erstes Gedicht im „Husumer Wochenblatt" (1834: „Meiner Leyer frohe Töne ...").

1835–37
Übergang auf das Katharineum in Lübeck, Bekanntschaft mit Emanuel Geibel und Ferdinand Röse. Storm lernt Goethes „Faust", die Lyrik Heines und Eichendorffs kennen.

1837–42
Jurastudium an der Kieler und Berliner Universität. Freundschaft mit Theodor und Tycho Mommsen.

1840
Veröffentlichung weiterer Gedichte, unter anderem im „Album der Boudoirs". Beginn der Sammlung von Sagen, Märchen und Liedern.

1842

Oktober: Juristisches Staatsexamen in Kiel. Rückkehr nach Husum; erste juristische Arbeiten in der Rechtsanwaltspraxis des Vaters. Sammlung von Geschichten für ein „Neues Gespensterbuch" (erst 1992 veröffentlicht).

1843

Februar: Eröffnung einer eigenen Rechtsanwaltspraxis. Frühjahr: Gründung eines „Singvereins". Im November erscheint das „Liederbuch dreier Freunde".

1844

Januar: Verlobung mit seiner Cousine Constanze Esmarch (1825–1865). Juni: Teilnahme am Nordfriesenfest in Bredstedt.

1846

15. September: Eheschließung mit Constanze Esmarch in Segeberg.

1847

Liebesverhältnis zu Dorothea Jensen. Gedichtzyklus mit „Rote Rosen" und „Mysterium".

1848

Beginn der schleswig-holsteinischen Erhebung. Entstehung der Gedichte „Ostern" und „Oktoberlied".

1849

Novelle „Immensee" (erste Fassung), Kindermärchen „Der kleine Häwelmann".

1850
November: Beginn des Briefwechsels mit Eduard Mörike.

1852
8. Mai: Londoner Protokoll (Ende des schleswig-holsteinischen Freiheitskampfes).
Storms Bestallung als Rechtsanwalt wird vom dänischen König aufgehoben. Storm sucht eine neue Stellung im preußischen Justizdienst. Ende 1852: erste selbstständige Ausgabe seiner „Gedichte" bei Schwers in Kiel.

1853
März: Beginn des Briefwechsels mit Theodor Fontane. 18. Oktober: Ernennung zum preußischen Gerichtsassessor. November: Beginn des Briefwechsels mit Paul Heyse. Dezember: Emigration, Übersiedlung von Husum nach Potsdam.

1854
Gedicht „Für meine Söhne".

1856
„Gedichte" (2. Auflage Schindler, Berlin), unter anderem mit „Meeresstrand".

1856–64
Kreisrichter in Heiligenstadt.

1859
Novelle „Auf dem Staatshof".

1862

Spukgeschichten „Am Kamin". Novellen „Auf der Universität", „Im Schloss" und „Unter dem Tannenbaum".

1864

Preußisch-österreichisches Ultimatum an Dänemark und Beginn des Krieges. Februar: Wahl Storms zum Landvogt im Landkreis Husum. 12. März: Rückkehr nach Husum. 18. April: Eroberung der Düppeler Schanzen. Märchen „Bulemanns Haus".

1865

4. Mai: Geburt der Tochter Gertrud. 20. Mai: Tod seiner Frau Constanze. Zyklus „Tiefe Schatten". 5. bis 13. September: Gast bei dem russischen Dichter Iwan Turgenjew in Baden-Baden.

1866

Krieg zwischen Preußen und Österreich. 4. Juni: Einmarsch preußischer Truppen in Holstein. 13. Juni: Eheschließung mit Dorothea Jensen (1828–1903). Oktober: Umzug in das Haus in Husum, Wasserreihe 31 (heute: Museum).

1868

Nach Aufhebung des Landvogt-Amtes wird Storm preußischer Amtsrichter. 4. November: Geburt der Tochter Friederike (Stiefmutterprobleme gelöst).

1870

Deutsch-Französischer Krieg.
Storm spricht sich gegen den Krieg aus, hat „mehr

Begeisterung für den Kampf im Staate als für den um seine Grenzen".

1872
Novelle „Draußen im Heidedorf" (Durchbruch zu einem Realismus „ohne den Dunstkreis einer bestimmten ‚Stimmung'"). August: Reise nach Salzburg (Schloss Leopoldskron).

1874
Ernennung zum Oberamtsrichter, 14. September: Tod des Vaters. Novellen „Viola tricolor", „Beim Vetter Christian", „Pole Poppenspäler", „Waldwinkel".

1875/76
Gedicht „Über die Heide", Novelle „Aquis submersus".

1877
Februar: Reise nach Würzburg, Begegnung mit Prof. Erich Schmidt (Briefwechsel). März: Beginn des Briefwechsels mit Gottfried Keller.

1878
Novellen „Carsten Curator", „Renate" und „Zur ‚Wald- und Wasserfreude'".

1879
Amtsgerichtsrat. Novellen „Im Brauerhause", „Eekenhof". 28. Juli: Tod der Mutter. Gedicht „Geh nicht hinein".

1880

1. Mai: vorzeitige Pensionierung. Übersiedlung nach Hademarschen: Bau einer „Altersvilla". Novelle „Die Söhne des Senators".

1881

Novelle „Der Herr Etatsrat".

1882

Novelle „Hans und Heinz Kirch".

1883

Verleihung des Maximilianordens.

1884

Mai: Reise nach Berlin. Festbankett zu Ehren Storms. Novelle „Zur Chronik von Grieshuus".

1886

Mai: Reise nach Weimar. Besuch bei Erich Schmidt (damals Direktor des Goethe-Archivs). Beginn der Arbeit am „Schimmelreiter". Fünfmonatige Krankheit (Oktober 1886 bis Februar 1887).

1887

Novellen „Ein Doppelgänger" und „Ein Bekenntnis". August: Aufenthalt auf Sylt; Fragment „Sylter Novelle". Feiern zum siebzigsten Geburtstag in Hademarschen. Magenkrebs.

1888

April/Mai: Erstdruck der Novelle „Der Schimmelreiter". Am 4. Juli gestorben, am 7. Juli auf dem St.-Jürgen-Friedhof in Husum beigesetzt.

Literaturverzeichnis

Theodor Storm, Sämtliche Werke in 4 Bänden, hg. von Karl Ernst Laage und Dieter Lohmeier, Frankfurt a. M. 1987/88 (daraus: Novellen- und Gedicht-Zitate).

Briefwechsel (Kritische Ausgaben, 18 Bände, u.a.): Storm–Heyse, Storm–Mörike, Storm–Erich Schmidt, Storm–Esmarch, Storm–Fontane, Storm–Petersen, Storm–Brinkmann, Storm–Groth, Storm–Speckter, Storm–Keller, Storm–C. Esmarch, Storm–Paetel, hg. von verschiedenen Wissenschaftlern in Zusammenarbeit mit der Theodor-Storm-Gesellschaft, 18 Bände, Berlin 1969–2009 (daraus: Briefzitate).

Schriften der Theodor-Storm-Gesellschaft Nr. 1–58, Heide 1952–2009 (daraus: Briefzitate aus kleineren Briefwechseln).

Theodor Storm: Briefe, hg. von P. Goldammer, 2 Bände Berlin/Weimar 1972 (daraus: die übrigen Briefzitate).

Theodor Storm, Der Schimmelreiter, 13. Aufl. 2008, hg. von K. E. Laage.

K. E. Laage: Theodor Storm, Leben und Werk, Husum (1979), 7. Aufl. 1999.

Theodor Storms Welt in Bildern. Eine Bildbiographie, hg. von K. E. Laage, Heide 1988.

Das Storm-Haus in Husum. Eine Führung durchs Museum von K. E. Laage, Heide 2000.

Theodor Storm. Eine Biographie, Heide 1999.

K. E. Laage, Theodor Storms öffentliches Wirken. Eine politische Biografie, Heide 2008.

Die Theodor-Storm-Gesellschaft

Dieses Buch entstand in enger Zusammenarbeit mit dem Storm-Haus in Husum. Unser Dank gilt allen Mitarbeitern, die Materialien bereitgestellt und die Arbeit unterstützt haben.

Träger des Storm-Hauses (Museum, Archiv und Forschungsbibliothek) ist die Theodor-Storm-Gesellschaft, eine der größten literarischen Vereinigungen Deutschlands, die sich zur Aufgabe gemacht hat, ein zeitgemäßes Bild des Dichters Theodor Storm zu vermitteln und sein literarisches Werk zu pflegen.
Das Storm-Haus ist eine internationale Begegnungsstätte, von der wichtige Impulse zur literarhistorischen Erforschung der Poesie zwischen 1840 und 1890 ausgehen; hier entstehen bedeutende Veröffentlichungen über Literatur und Gesellschaft der Storm-Zeit.

Jeder kann Mitglied der Storm-Gesellschaft werden. Der Jahresbeitrag beläuft sich auf € 30, für Ehepaare € 45 (Schüler und Studenten € 16). Postkarte oder Anruf genügen; Adresse: Theodor-Storm-Gesellschaft im Storm-Haus, Wasserreihe 31, 25813 Husum, Tel. 04841/8038630. Die Mitglieder haben folgende Vergünstigungen:

- sie haben freien Eintritt ins Storm-Haus (Museum, Bibliothek und Archiv);
- sie erhalten die „Schriften der Theodor-Storm-Gesellschaft" kostenlos;
- sie werden durch „Mitteilungen" über das Neueste aus dem Storm-Haus und vom Storm-Büchermarkt informiert.

Die Mitglieder der Gesellschaft und Storm-Freunde aus aller Welt treffen sich im September jeden Jahres in Husum zu einer Storm-Tagung (Vorträge, Berichte, Gespräche, Exkursionen).

Der Autor

Prof. Dr. Karl Ernst Laage, Studium der Germanistik, Latinistik und Slawistik in Kiel und Tübingen. Gründer des Storm-Museums in Husum, Ehrenpräsident der Theodor-Storm-Gesellschaft, Professor an der Universität Kiel. Zahlreiche Veröffentlichungen, u.a. zu Thomas Mann, Theodor Storm und Iwan Turgenjew.

Fotoimpressionen
Ottmar Heinze

Storms Wohnhaus in Husum, Wasserreihe 31 (heute Museum). Hier lebte der Dichter mit seiner Familie von 1866 bis 1880, hier schrieb er über zwanzig Novellen.

Storm-Haus, Wasserreihe 31: Das „Viola tricolor"-Zimmer, Schauplatz der 1873 entstandenen gleichnamigen Novelle.

Storm-Haus, Wasserreihe 31: Wohnzimmer der Dichterfamilie (am Fenster das Ibach-Tafelklavier). Hier hat der Dichter häufig Abschnitte aus seinen neuen Novellen vorgelesen.

Das Schloss vor Husum, Seitenansicht (1577–1582 erbaut, Umbau: 1752). Im Jahre 1861 machte Storm das Husumer Schloss zum Schauplatz seiner Novelle „Im Schloss"; 1873 wurden die Amtsräume Storms

in den Südflügel des Schlosses verlegt (hier, im linken Teil, arbeitete der Amtsrichter).

Der Hafen von Husum, Blick auf die „Schiffbrücke", an der einst das alte „Urgroßvaterhaus" des Dichters stand, das er als Schauplatz der Eingangsszene der Novelle „Immensee" und in der Novelle „Carsten Curator" vor Augen gehabt hat.

Die Hallig Süderoog: Schauplatz der Novelle „Eine Halligfahrt". Ein „Inselbrocken", der „vor einem halben Jahrtausend" von einer „großen Flut zerrissen" wurde (so Storm in seiner Novelle).

Im Jahre 1887 hat Storm die Insel Sylt besucht und die „Sylter Novelle" entworfen, die er aber nicht mehr vollenden konnte. Am 16. August 1887 an seine Frau: „Das Wetter ist warm und wenig windig. Stundenlang war ich am Strand."

Der Deichgraf Hauke Haien in der Novelle „Der Schimmelreiter" (im Angesicht der Sturmflut, die seinen neuen Deich bedroht): „Nur Berge von Wasser sah er vor sich, die dräuend gegen den nächtlichen Himmel stiegen ... Mit weißen Kronen kamen sie daher, heulend ..."

Impressum

Bibliografische Information der Deutschen Bibliothek
Die Deutsche Bibliothek verzeichnet diese Publikation in der Deutschen
Nationalbibliografie; detaillierte bibliografische Daten sind im Internet über
<http://dnb.ddb.de> abrufbar.

© Ellert & Richter Verlag GmbH, Hamburg 2010
ISBN 978-3-8319-0379-5

Dieses Werk einschließlich aller seiner Teile ist urheberrechtlich geschützt. Jede
Verwertung außerhalb der engen Grenzen des Urheberrechtsgesetzes ist ohne
Zustimmung des Verlages unzulässig und strafbar. Dies gilt insbesondere für
Vervielfältigungen, Übersetzungen, Mikroverfilmungen und die Einspeicherung
und Verarbeitung in elektronischen Systemen.

Redaktion: Claudia Schneider, Hamburg
Gestaltung: Büro Brückner + Partner, Bremen
Lithografie: Griebel-Repro, Hamburg
Gesamtherstellung: CPI books GmbH, Leck

Bildnachweis
Archiv der Theodor-Storm-Gesellschaft, Husum und Landesbibliothek Kiel:
historische Schwarz-Weiß-Abbildungen
bpk, Berlin: 21 o., 31 o., 44 o., 59, 65, 72 (SBB/Ruth Schacht)
Ottmar Heinze, Hamburg: Titel Rückseite, 55 o., 67, 97–111
Veronika Zanke, Mücke-Windhain: Titel

Bitte beachten Sie auch unsere Internetseite: www.ellert-richter.de